U0835860

全国高等职业教育财务会计类专业规划教材

外经贸企业会计实务

李平 刘帆 主编

Accounting for Foreign Economics & Trade

东北财经大学出版社
Dongbei University of Finance & Economics Press
大连

图书在版编目(CIP)数据

外经贸企业会计实务 / 李平，刘帆主编．—大连：东北财经大学出版社，2017.1

（全国高等职业教育财务会计类专业规划教材）

ISBN 978-7-5654-2493-9

Ⅰ.外… Ⅱ.①李… ②刘… Ⅲ.外贸企业会计-高等职业教育-教材 Ⅳ.F740.45

中国版本图书馆CIP数据核字（2016）第222190号

东北财经大学出版社出版

（大连市黑石礁尖山街217号　邮政编码　116025）

网　　址：http：//www.dufep.cn

读者信箱：dufep@dufe.edu.cn

大连图腾彩色印刷有限公司印刷　　东北财经大学出版社发行

幅面尺寸：185mm×260mm　字数：233千字　印张：10　插页：1

2017年1月第1版　　2017年1月第1次印刷

责任编辑：包利华　　责任校对：那　欣

封面设计：张智波　　版式设计：钟福建

定价：28.00元

教学支持　售后服务　联系电话：（0411）84710309

如有印装质量问题，请联系营销部：（0411）84710711

前 言

本书以外经贸企业会计实际工作过程为主线，系统地介绍了从事外经贸企业会计工作必需的岗位知识、岗位技能和岗位操作流程。全书由六个模块组成：对外贸易与外经贸企业会计、外经贸企业会计工作必备知识、外经贸企业进口贸易会计核算、外经贸企业出口贸易会计核算、外经贸企业出口货物退（免）税会计核算和外经贸企业期末会计工作。本书在编写过程中始终贯彻并注重专业知识的应用性和可操作性，适合作为经济类高职院校财会专业及其他相关专业的教学用书，也可作为财会人员自学用书。

本书包含以下几个创新点：

一是以进出口业务为主线，按照外经贸企业会计实际工作内容，以项目、任务方式重点介绍外经贸企业会计岗位必需的进出口会计知识和会计技能，将理论和实践紧密结合，有利于学生将专业理论转化为专业技能。

二是配有课程资源库（包括教学课件、课程教学标准、学习指导、习题库及部分教学视频）和适量的课后同步实训题（附参考答案），融教、学、做于一体，便于教师教学和学生自学。

三是将财政部最新会计准则和最新“营改增”政策融入教材，教学内容与时俱进、实用性强。

四是对外经贸会计工作中需要注意的重点和难点，采用“财务经理提示”形式进行解析，让读者积累更多的经验，以便在今后的职场中充分发挥会计的管理职能。

本教材由李平担任第一主编，刘帆担任第二主编，夏贵华、聂小蓬担任副主编。具体分工如下：模块一由湖南外贸职业学院李平编写；模块二、模块三由湖南外贸职业学院刘帆编写；模块四由湘润进出口有限公司财务经理黄宏略编写；模块五由湖南外贸职业学院夏贵华编写；模块六由安徽财经大学聂小蓬编写。全书由李平负责拟订编写大纲、统稿、总纂并最终定稿。

本书在编写过程中参阅了大量文献、法律法规及有关外经贸会计教材，并得到了湖南外贸职业学院各级领导、东北财经大学出版社各级领导的大力支持，在此一并致谢。由于作者编写水平有限，书中疏漏与不足之处在所难免，敬请广大读者不吝赐教，以便修订，使之日臻完善。

编　者

2017年1月

目　录

模块一 对外贸易与外经贸企业会计

学习目标

熟知对外贸易基本知识，熟悉外经贸企业业务的基本内容和基本特点，熟知外经贸企业会计的基本知识及其特点，熟知外经贸企业的会计核算对象，掌握外经贸企业常用的会计科目。

项目一 对外贸易

任务一 熟知对外贸易基本知识

一、对外贸易

对外贸易（foreign trade）亦称“国际贸易”或“进出口贸易”，简称“外贸”。对外贸易是指一个国家（地区）与另一个国家（地区）之间的商品、劳务和技术的交换活动。这种贸易一般由进口和出口两个部分组成。对运进商品或劳务的国家（地区）来说，就是进口；对运出商品或劳务的国家（地区）来说，就是出口。开展进出口贸易的重要意义：一是可以调节国内生产要素的利用率；二是可以改善国际间的供求关系，调整经济结构；三是可以增加国家的财政收入等。

随着国际贸易往来的不断深化，我国产业结构的不断调整，对外经贸业务的内涵和范围也发生着显著的改变，以商品进出口贸易为主的传统外经贸业务形式，被多元化的外经贸业务形式所取代，逐渐演化成商品进出口贸易、加工贸易、服务贸易、投资贸易以及工程承包、劳务合作等多种形式。目前，对外经贸业务涵盖了更为广阔的范围。

二、我国对外贸易的分类

当前，国际上各种经济形式都在向全球化、多元化发展，外经贸业务也不例外。正是由于外经贸业务领域的不断扩展，国际贸易形式的不断变化，在实际的外经贸业务买卖双方交易过程中形成了各种贸易形式。归纳起来，我国对外经贸业务可以划分为四大类：商品贸易（货物贸易）、服务贸易、经济合作、投资贸易。下面简要介绍主要的经济贸易方式。

（一）商品贸易

商品贸易也称货物贸易，是对外经贸业务发展时间最长、最为传统的外经贸业务。其最大特征是所有贸易活动都是围绕着对商品的购销进行的，具体贸易形式包含自营贸易、代理贸易、加工贸易、易货贸易、转口贸易等。

1. 自营贸易

自营贸易在贸易实践中又分为自营出口贸易和自营进口贸易。出口商将自主生产或在本国采购的有实物形态的商品输出到国外市场销售，以赚取购销差价为经营目标的贸易活动称为自营出口贸易；进口商采购在国外市场上有实物形态的商品输入到本国市场销售，以赚取购销差价为经营目标的贸易活动称为自营进口贸易。

2. 代理贸易

代理贸易在贸易实践中又分为代理出口贸易和代理进口贸易。国际贸易中的代理，主要是指委托代理，是由出口商或进口商达成出口或进口代理协议，出口商或进口商作为委托人，授权代理人代表出口商或进口商对商品进行出口或进口的操作，并签订出口或进口贸易合同，由此而产生的权利和义务直接对委托人发生效力。代理人在委托人授权的范围内行事，不承担商品贸易的风险和费用，不必垫付资金，通常按照达成交易的金额提取约定比例的佣金。

3. 加工贸易

加工贸易从加工原料进口的形式分为来料加工贸易和进料加工贸易。从一般意义上讲，对外加工贸易是指一国从国外进口主要原材料、零部件，在国内加工、装配后再出口的一种贸易形式。来料加工是国外委托方提供全部原辅材料和元器件，由承接方企业加工后，将成品交国外委托方，承接方按合同收取加工费。进料加工是企业自筹资金从国外购入料件，然后自行向国外市场销售，企业所获得的是出口成品的利润。两者相比，进料加工贸易的收益大于来料加工贸易，但风险也较大。

4. 易货贸易

易货贸易是指当事的双方既是商品生产国也是商品消费国，就严格意义而言是贸易双方等值商品货物的互换，其特点是全部或大部分不涉及货币支付。

5. 转口贸易

转口贸易是指商品生产国与商品消费国通过第三国的贸易商进行买卖商品的行为，其中生产国称为出口国，消费国称为进口国，而第三国则是转口贸易国，第三国贸易商所从事的就是转口贸易。

（二）服务贸易

服务贸易是指一国以提供直接服务活动形式满足另一国某种需要以取得报酬的活动，即国与国之间互相提供服务的经济互换活动。具体贸易形式包括旅游、物流、金融、保险、特许专利、服务外包、软件信息、技术引进以及对外文化贸易等。

（三）经济合作

经济合作是指不同国家、经济体以及国际经济组织为了共同的利益，在生产领域以生产要素的移动与重新配置为主要内容而进行较长期的经济协作活动。经济合作参与者之间是平等互利的合作关系。我国的国际经济合作主要涉及工程承包、对外援助、劳务合作三个领域。

（四）投资贸易

投资贸易是指国家以及经济体之间以直接投资、参股并购等形式开展的经济合作活动。投资贸易的核心是以资金、技术、管理的投入取得利润、市场、资源来体现的。我国的投资贸易包括利用外资和境外投资两部分。

任务二　熟知对外贸易业务基本特征

外经贸企业的任务就是组织国际间的进出口商品流通，其业务与国内生产企业、流通企业有明显的区别，具体表现为其经营活动不仅受中国政府管辖，而且受有关国家（地区）政府管辖或政策影响，概括起来主要有如下几个特点：

1.外经贸企业的业务环境复杂

外经贸企业在日常业务过程中，主要是对企业经营活动进行有效的组织、协调和控制，以实现外经贸企业经营管理目标，最大限度地提升企业的价值。在实际工作中，由于进出口货物贸易风险大、投资环境风险高，业务工作不仅要考虑国内的各种环境因素，而且要考虑复杂多变的国际市场环境因素（包括政治风险、战争风险、外汇风险、气候风险等）以及要考虑如何预测风险、避免风险和分散风险。

2.外经贸企业的业务涉及面广

外经贸企业的业务活动贯穿于企业的整个生产经营过程，其涉及面之广主要从以下三个方面来体现：一是从外经贸企业业务内容上看，它涉及寻盘、发盘、合同、货物运输、外汇、关税、出口退税、贸易融资等；二是从外经贸企业内部管理环节上看，它涉及企业内部的各个部门，如采购部门、生产部门、销售部门以及行政管理部门等，同时还涉及企业每个职工的经济利益；三是从外经贸企业业务范围上看，无论是贸易融资、投资还是资金结算，它都涉及国内和国外两个不同空间范围的管理。可见，外经贸企业的业务工作是一项涉及面很广的工作。

3.外经贸企业的业务政策性强

外经贸企业所从事的贸易活动，涉及国内、国外两个市场，涉及本国货币与外国货币，涉及国家的对外政策和有关制度管理规定，其管理内容时效性强，受政策影响性大。如我国政府对外经贸企业在开展进出口业务活动中所涉及的外汇就有严格的政策和制度规定，另外国家对外经贸企业在开展进出口业务活动中所涉及的关税、出口退（免）税和企业所得税也有严格的政策和制度规定。

项目二　外经贸企业会计

任务一　熟知外经贸企业会计基本知识

一、外经贸企业会计

外经贸会计（foreign trade accounting）是以外经贸企业的资金运动为核算对象，以货币为计量单位，运用专门的方法，按照国家的对外政策和有关制度对其从事的各项贸易活动所进行的一种管理活动。

二、从事外经贸企业会计工作必备知识

外经贸企业会计应遵循我国现行的《企业会计准则》。由于外经贸企业在资金流转、货物流转、货币结算等方面的特殊性，从事外经贸企业会计工作，必须具备以下基本知识：

1.具备基本的国际贸易知识

外经贸企业的性质决定了其主要从事对外贸易业务，而对外贸易在多年的运作过程中形成了具有自身特点的惯例和规则，包括贸易术语（如FOB、CFR、CIF），国际贸易的支付工具和支付方式（如汇票、托收、汇付、信用证），贸易方式（如一般贸易、加工贸易、易货贸易、补偿贸易）等。因此，在外经贸企业从事会计工作，必须熟知国际贸易知识。

2.具备基本的税收知识

外经贸企业在从事进出口交易过程中，组织货物进出关境时要向海关纳税，主要包括关税、增值税、消费税等。按照国际惯例，凡出口商品，均实行出口退税的政策。对外经贸企业而言，出口退税业务的核算在外贸会计中占有重要的地位，出口退税直接影响其出口效益。因此，在外经贸企业从事会计工作，必须熟知税收知识，以便正确核算出口退税。

3.具备基本的国际金融知识

外经贸企业在国际市场中开展的商品贸易、服务贸易、经济合作、投资贸易等，必须使用外汇进行结算和投资。因此，在外经贸企业从事会计工作，必须熟知国际金融等相关知识。

4.具备基本的海关管制知识

外经贸企业在组织货物通关过境时，必须遵守海关相关的管理制度，如加工贸易的保税制度和保证金台账制度，出口收汇核销制以及进口付汇核销制等。因此，在外经贸企业从事会计工作，必须熟知海关基本管制知识。

三、外经贸企业会计特点

外经贸企业在从事商品交易过程中，既涉及进出口商品的流转活动，也涉及内贸商品的流转活动，同时还涉及外汇债权债务管理、结汇的会计处理、出口退税等问题。这些内容会计处理的特殊性决定了外经贸会计的特殊性。具体来说，外经贸会计的特殊性主要表现在以下四个方面：

1.设置复币式账户，实行复币核算

按照我国《企业会计准则》的规定，我国境内的企业应以人民币为记账本位币。就外经贸企业而言，由于其进出口业务涉及国内、国外两个市场，在经济交往中又广泛涉及外币业务，一方面要用外币与国外客户进行相关贸易的账务结算，另一方面要将外币按相应汇率换算成人民币以编制会计凭证及报送国内各类会计报表之用，因此在外经贸企业的会计核算中要实行复币核算，也就是要同时反映外币和人民币金额。为反映企业在国际贸易中的外币交易情况，通常外经贸企业在设置收入、支出、结算等会计账户时，要求采用“复币式”结构，以便同时反映外币和人民币金额。因此，设置复币式账户，既实行人民币核算，又实行外币核算，是外经贸会计的一个主要特点。

2.设置“汇兑损益”账户，核算汇兑损益

国际贸易通常使用外币结算，由于会计收入、支出的确认入账时间和实际收付时间不一致，在汇率变动的情况下必定会发生汇率差异，也就是通常所说的汇兑损益。对汇兑损益的处理，将直接影响外经贸企业经营成果的会计表现，因此外经贸会计要对其加以记录和核算，以便正确计算汇率变动对企业损益的影响。可见，对汇兑损益进行会计处理，是外经贸会计的一个重要特点。

3.核算出口退税

按照国际惯例，为鼓励出口，我国实行出口退税的政策。出口退税业务的核算在外经贸会计中占有重要的地位，对外经贸企业而言，出口退税直接影响其出口效益。因此，正确核算出口退税，是外经贸会计的又一个重要特点。

4.考核人民币与外币经济效益

外经贸企业的进出口活动，其目的就是要通过进出口提高企业经济效益，为国家创汇，为企业创收。为此，外经贸会计既要考核以人民币计量的进出口盈亏，还要从人民币与外币的对比角度考核进出口效益（如出口换汇成本、进口每美元赔赚额等）。因此，考核人民币与外币的经济效益，也是外经贸会计的一个特点。

任务二　熟知外经贸企业会计核算对象

外经贸会计的核算对象就是外经贸企业的资金运动。外经贸企业资金运动的主要内容，是组织国际间的进出口商品流通，主要包括出口业务与进口业务。外经贸企业所从事的组织商品流通活动，与一般的国内流通企业有一定的区别。具体表现是外经贸企业组织的商品流通，要通过国内、国际两个市场，涉及国内、国际两种价格，使用本国货币与外国货币两种以上的货币。因此，外经贸企业经营过程的货币资金运动形态表现为“外币—人民币”或“人民币—外币”的转换过程。也就是说，在出口经营活动中，企业要将出口商品销售所得外汇，按照国家规定在银行结汇；而在进口经营活动中，又要用人民币向银行购买外汇以支付货款。外经贸企业在其资金循环过程中所特有的本币与外币之间不断转换的过程，形成了外经贸企业资金运动的特殊性。

外经贸企业的业务主要包括进口、出口与转口三个方面。它是一种跨国境的贸易交易，无论是进口、出口和转口都要收或付外国货币（外汇），都要有关税支出、远距离运输等，特别是外国货币的收或付，经常面临着国际上的外汇管制措施。为此，我们要熟悉外经贸企业的资金周转方式，具体资金周转方式如图1-1所示。

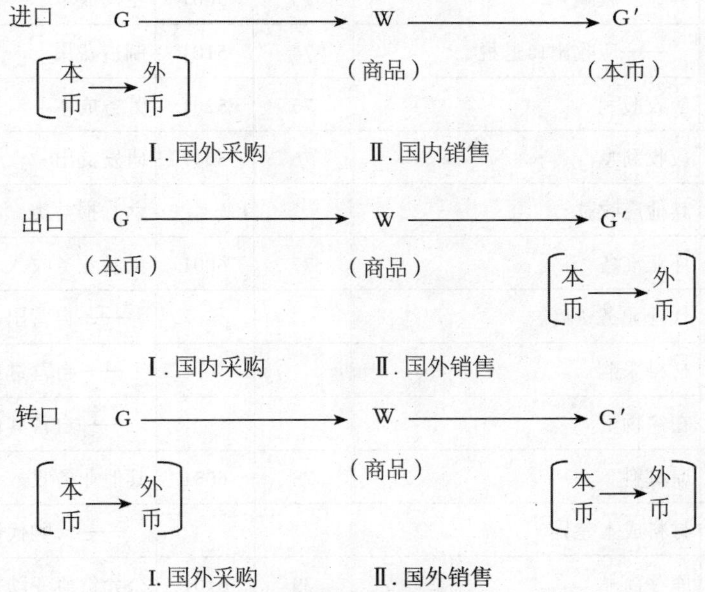

图1-1　资金周转方式示意图

任务三　熟悉外经贸企业常用会计科目

按照我国现行会计制度规定，总分类科目一般由财政部统一制定，明细分类科目一般由企业根据实际需要自行设置。外经贸企业的会计科目，按照其反映的经济内容，可以划分为资产类、负债类、所有者权益类、共同类、成本类和损益类科目六大类。外经贸企业会计常用的会计科目见表1-1。

表1-1　**外经贸企业常用会计科目表**

顺序号	编号	会计科目名称	顺序号	编号	会计科目名称
		一、资产类			三、共同类
1	1001	库存现金	64	3101	衍生工具
2	1002	银行存款	65	3201	套期工具
		——本币存款	66	3202	被套期项目
		——外币存款			四、所有者权益类
3	1015	其他货币资金	67	4001	实收资本（或股本）
4	1101	交易性金融资产	68	4002	资本公积
5	1121	应收票据	69	4101	盈余公积
6	1122	应收账款	70	4103	本年利润
		——应收外汇账款	71	4104	利润分配
7	1123	预付账款	72	4201	库存股
		——预付外汇账款			五、成本类
8		其他应收款	73	5001	生产成本
		——应收出口退税	74	5101	制造费用
9	1131	应收股利	75	5201	劳务成本
10	1132	应收利息	76	5301	研发支出
11	1231	其他应收款			六、损益类
12	1241	坏账准备	77	6001	主营业务收入
13	1321	代理业务资产			——自营出口收入
14	1401	材料采购			——自营进口收入
15	1402	在途物资			——自营其他收入
16	1403	原材料	78	6051	其他业务收入
17	1404	材料成本差异			——代购代销收入
18	1406	库存商品	79	6101	公允价值变动损益

续表

顺序号	编号	会计科目名称	顺序号	编号	会计科目名称
		——库存出口商品	80	6111	投资收益
		——库存进口商品	81	6301	营业外收入
19	1407	发出商品	82	6401	主营业务成本
20	1410	商品进销差价			——自营出口成本
21	1411	委托加工物资			——自营进口成本
22	1412	包装物及低值易耗品			——自营其他成本
23	1461	存货跌价准备	83	6402	其他业务成本
24	1521	持有至到期投资	84	6405	税金及附加
25	1522	持有至到期投资减值准备	85	6601	销售费用
26	1523	可供出售金融资产	86	6602	管理费用
27	1524	长期股权投资	87	6603	财务费用
28	1525	长期股权投资减值准备			——汇兑损益
29	1526	投资性房地产	88	6701	资产减值损失
30	1531	长期应收款	89	6711	营业外支出
31	1541	未实现融资收益	90	6801	所得税费用
32	1601	固定资产	91	6901	以前年度损益调整
33	1602	累计折旧			
34	1603	固定资产减值准备			
35	1604	在建工程			
36	1605	工程物资			
37	1606	固定资产清理			
38	1701	无形资产			
39	1702	累计摊销			
40	1703	无形资产减值准备			
41	1711	商誉			
42	1801	长期待摊费用			
43	1811	递延所得税资产			
44	1901	待处理财产损溢			

续表

顺序号	编号	会计科目名称	顺序号	编号	会计科目名称
		二、负债类			
45	2001	短期借款			
46	2101	交易性金融负债			
47	2201	应付票据			
48	2202	应付账款			
		——应付外汇账款			
49	2205	预收账款			
		——预收外汇账款			
50	2211	应付职工薪酬			
51	2221	应交税费			
52	2231	应付股利			
53	2232	应付利息			
54	2241	其他应付款			
55	2314	代理业务负债			
56	2411	预计负债			
57	2501	递延收益			
58	2601	长期借款			
59	2602	应付债券			
60	2801	长期应付款			
61	2802	未确认融资费用			
62	2811	专项应付款			
63	2901	递延所得税负债			

[上岗试一试1]

一、入职基础知识测试题

1.我国对外贸易是如何分类的？请简要回答。

2.从事外经贸企业会计工作必须具备哪些知识？请简要回答。

3.外经贸业务有哪些特点？请简要回答。

4.外经贸企业会计有哪些特点？请简要回答。

二、判断测试题（多选，请将正确答案的序号填入括号内）

1.下列属于从事外经贸企业会计工作必备知识的有（　　）。

A.具备一定的国际贸易知识　B.具备较丰富的税收知识

C.具备一定的国际金融知识　D.具备相关的海关管制知识

2.我国对外经贸业务可以划分为（　　）。

A.货物贸易　B.服务贸易　C.经济合作　D.投资贸易

3.下列属于货物贸易形式的有（　　）。

A.自营贸易　B.代理贸易　C.加工贸易

D.易货贸易　E.转口贸易

4.下列属于外经贸企业会计特点的有（　　）。

A.设置复币式账户，实行复币核算　B.设置“汇兑损益”账户，核算汇兑损益

C.核算出口退税　D.考核人民币与外币的经济效益

5.下列属于服务贸易形式的有（　　）。

A.旅游　B.物流　C.金融、保险

D.服务外包、技术引进　E.对外文化贸易

6.下列属于投资贸易核心要素的有（　　）。

A.资金　B.技术　C.管理　D.设备

7.目前我国主要的国际合作领域有（　　）。

A.工程承包　B.对外援助　C.劳务合作　D.资金输出

8.外经贸企业的会计科目，按照其反映的经济内容可以划分为（　　）。

A.资产类科目　B.负债类科目　C.所有者权益类科目

D.共同类、成本类科目　E.损益类科目

模块二

外经贸企业会计工作必备知识

学习目标

熟知外汇基本知识，熟悉外汇管理的内容和要求，熟知汇兑损益基本知识，熟练掌握汇兑损益的会计处理方法，熟知国际贸易术语，熟练掌握常用国际贸易术语的使用规则，熟知国际结算方式和规定，熟悉并掌握常用的国际结算方法。

项目一　外汇

任务一　熟知外汇基本知识

一、外汇概念及特点

1. 外汇的概念

外汇（foreign exchange）是国际汇兑的简称，它是以外币表示的金融资产，可用作国际清偿的支付手段。其中，“汇”是货币异地转移，“兑”是货币之间进行转换。

外汇有静态和动态之分。动态外汇是指把一国货币兑换成另一国货币以清偿国际间债务的金融活动。从这个意义上来说，动态外汇同于国际结算。静态外汇又分为广义和狭义。广义的外汇是指外国外汇管理法令所称的外汇，它泛指一切对外金融资产。我国现行的《中华人民共和国外汇管理条例》第三条规定，外汇是指以外币表示的可以用作国际清偿的支付手段和资产。狭义的外汇是指以外币表示的用于国际结算的支付手段。

2. 外汇的特点

（1）以外币表示的外国资产；

（2）能在外国得到偿付的货币性债权；

（3）能兑换成其他支付手段的外币资产。

3. 外汇的种类

我国的外汇是指以外币表示的可以用作国际清偿的支付手段和资产，具体包括以下五项内容：

（1）外国货币，包括纸币、铸币；

（2）外币支付凭证，包括票据、银行存款凭证、邮政储蓄凭证等；

（3）外币有价证券，包括政府债券、公司债券、股票等；

（4）特别提款权、欧洲货币单位；

（5）其他外汇资产。

在核算外币业务时，企业应当设置相应的外币账户。外币账户具体包括外币库存现金、外币银行存款以及以外币结算的债权和债务账户。以外币结算的债权账户包括应收账款、应收票据和预付账款等；以外币结算的债务账户包括短期借款、长期借款、应付账款、应付票据、应付职工薪酬、预收账款等。不允许开立外币现汇账户的企业，可以设置外币库存现金和外币银行存款以外的外币账户。

二、外汇的分类

1.按外汇的限制性划分

（1）自由外汇：也称现汇，是指不用经过外汇管理部门批准，可以自由在外汇兑换部门兑换成其他货币的外汇，或直接用于支付的外汇。

（2）记账外汇：又称双边外汇，是指两国根据国际支付协定进行国际结算时，指定用作计价单位的外汇。它可以是交易双方中某一方的本国货币，也可以是第三国的货币。未经货币发行国的批准，其不能自由兑换成其他国家的货币，也不能对第三国进行支付。缺乏自由外汇的国家往往使用记账外汇进行国际结算。

2.按外汇的来源和用途不同划分

（1）贸易外汇：是指对外贸易中商品进出口及其从属活动所使用的外汇。商品进出口伴随着大量的外汇支出，同时从属于商品进出口的外汇收支还有运费、保险费、样品费、宣传费、推销费以及与商品进出口有关的出国团组费。

（2）非贸易外汇：是指贸易外汇以外所收支的一切外汇。非贸易外汇的范围非常广，主要包括侨汇、旅游、旅游商品、宾馆饭店、铁路、海运、航空、邮电、港口、海关、银行、保险、对外承包工程等方面的外汇收支，以及个人和团体（公派出国限于与贸易无关的团组）出国差旅费、图书、电影、邮票、外轮代理及服务所发生的外汇收支。

3.按外汇结算的交割期限划分

所谓交割是指本币和外币所有者互相交换货币所有权的行为，也就是外汇买卖中外汇的实际收支活动。通常可以分为即期外汇和远期外汇。

（1）即期外汇：是指外汇买卖双方在两个工作日内完成交割的外汇。

（2）远期外汇：是指外汇买卖双方在将来的某一时间，按照事先签订的合同所约定的数量、汇价进行交割的外汇。

三、外汇汇率

1.外汇汇率的概念及其标价方法

外汇汇率（exchange rate）亦称“外汇行市或汇价”，通常是指一国货币兑换另一国货币的比率，或者是以一种货币表示的另一种货币的价格。由于世界各国货币的名称不同、币值不一，所以一国货币对其他国家的货币要规定一个兑换率，即汇率。其标价方法有以下两种：

（1）直接标价法

直接标价法，又称应付标价法，是以一定单位（1、100、1 000、10 000）的外国货币为标准来计算应付出多少单位的本国货币。就相当于计算购买一定单位外币所应付多少本币，所以称为应付标价法。包括中国在内的世界上绝大多数国家目前都采用直接标价法。在国际外汇市场上，日元、瑞士法郎、加元等均为直接标价法，如日元104.33即1美元兑104.33日元。

在直接标价法下，如果一定单位外币折合的本币数额多于前期，则说明外币币值上升或本币币值下跌，叫作外汇汇率上升；反之，如果用比原来较少的本币即能兑换到同一数额的外币，则说明外币币值下跌或本币币值上升，叫作外汇汇率下跌。因此，外币的价值与汇率的涨跌成正比。

（2）间接标价法

间接标价法，又称应收标价法，是以一定单位（如1个单位）的本国货币为标准来计算应收若干单位的外国货币。在国际外汇市场上，欧元、英镑、澳元等均为间接标价法，如欧元1.1142即1欧元兑1.1142美元。

在间接标价法下，本国货币的数额保持不变，外国货币的数额随着本国货币币值的对比变化而变动。如果一定数额的本币能兑换的外币数额比前期少，则说明外币币值上升、本币币值下降，即外汇汇率上升；反之，如果一定数额的本币能兑换的外币数额比前期多，则说明外币币值下降、本币币值上升，即外汇汇率下跌。因此，外币的价值与汇率的涨跌成反比。

外汇市场上的报价一般为双向报价，即由报价方同时报出自己的买入价和卖出价。汇率的报价包括5位有效数字，一般同时报出买入、卖出价，由客户自行决定买卖方向。买入价和卖出价的价差越小，对于投资者来说意味着成本越小。

2.汇率的种类

汇率就是两种不同货币之间的比价，其种类包括：

（1）按国际货币制度的演变划分，有固定汇率和浮动汇率

①固定汇率：是指由政府制定和公布，并只能在一定幅度内波动的汇率。

②浮动汇率：是指由市场供求关系决定的汇率，其涨落基本自由。

（2）按制定汇率的方法划分，有基本汇率和套算汇率

①基本汇率：各国在制定汇率时必须选择某一国货币作为主要对比对象，这种货币称为关键货币。根据本国货币与关键货币实际价值的对比，制定出对应的汇率，这个汇率就是基本汇率。一般美元是国际支付中使用较多的货币，各国都将美元作为制定汇率的主要货币，常把对美元的汇率作为基本汇率。

②套算汇率：是指各国按照对美元的基本汇率套算出的直接反映其他货币之间价值比率的汇率。

（3）按银行买卖外汇的角度划分，有买入汇率、卖出汇率、中间汇率和现钞汇率

通常外汇的买卖都是要通过银行来进行的，因此公布行情信息时都从银行的立场看问题，把汇率分为买入价、卖出价及中间价。

①买入汇率：也称买入价，是指银行向同业或客户买入外汇时所使用的汇率。采用直接标价法时，外币折合本币数较少的那个汇率是买入价；采用间接标价法时则相反。

②卖出汇率：也称卖出价，是指银行向同业或客户卖出外汇时所使用的汇率。采用直接标价法时，外币折合本币数较多的那个汇率是卖出价；采用间接标价法时则相反。

买入、卖出之间有个差价，这个差价是银行买卖外汇的收益，即为银行的手续费收入，一般为1%～5%。银行同业之间买卖外汇时使用的买入汇率和卖出汇率也称同业买卖汇率，实际上就是外汇市场买卖价。

③中间汇率：也称中间价，是指买入价与卖出价的平均价（即外汇买卖中间价=（现汇买入价+卖出价）/2）。它是即期银行间外汇交易市场和银行挂牌汇价的最重要的参考指标。自2006年1月4日起，中国人民银行授权中国外汇交易中心于每个工作日上午9时15分对外公布当日人民币对美元、欧元、日元和港元汇率中间价，作为当日银行间即期外汇市场（含OTC方式和撮合方式）以及银行柜台交易汇率的中间价。中间汇率不用于外汇交易而只用于记账、缴纳关税等场合。我国在2005年汇改后，允许买卖价对中间价之差不对称，从而改称基准价，但实践中仍颇多沿用“中间价”这一叫法。

④现钞汇率：是指将外币现钞交售给银行兑取人民币的价格。国家一般都规定，不允许外国货币在本国流通，只有将外国货币兑换成本国货币，才能够购买本国的商品和劳务，因此产生了买卖外汇现钞的兑换率，即现钞汇率。按理来说，现钞汇率应与外汇汇率相同，但因需要等待积成整批外币后把外币现钞运到各发行国去，由于运送外币现钞要花费一定的运费和保险费、垫付利息等，因此银行在收兑外币现钞时的汇率通常要低于外汇买入汇率，现钞买入汇率在四个汇率中是最低的。

（4）按银行外汇的付汇方式划分，有电汇汇率、信汇汇率和票汇汇率

①电汇汇率：是指经营外汇业务的本国银行在卖出外汇后，即以电报委托其国外分支机构或代理行付款给收款人所使用的一种汇率。由于电汇付款快，银行无法占用客户资金头寸，同时国际间的电报费用较高，所以电汇汇率较一般汇率高。但是，电汇调拨资金速度快，有利于加速国际资金周转，因此电汇在外汇交易中占有转大的比重。

②信汇汇率：是指银行开具付款委托书，用信函方式通过邮局寄给付款地银行转付收款人所使用的一种汇率。由于付款委托书的邮递需要一定的时间，银行在这段时间内可以占用客户的资金，因此信汇汇率比电汇汇率低。

③票汇汇率：是指银行在卖出外汇时，开立一张由其国外分支机构或代理行付款的汇票交给汇款人，由其自带或寄往国外取款所使用的一种汇率。由于票汇从卖出外汇到支付外汇有一段间隔时间，银行可以在这段时间内占用客户的头寸，所以票汇汇率一般比电汇汇率低。票汇有短期票汇和长期票汇之分，其汇率也不同。由于银行能更长时间地运用客户资金，所以长期票汇汇率较短期票汇汇率低。

（5）按外汇交易的交割期限划分，有即期汇率和远期汇率

①即期汇率：也称现汇汇率，是指买卖外汇双方成交当天或两天以内进行交割的汇率，即成交后双方“当即”交割的汇率。事实上，因为存在地球时差及准备时间等因素，在外汇市场上，它是指成交以后次日起第二个工作日交割，例如星期一成交的在星期三交割。工作日的定义是要交易两国的银行都营业，任何一方遇有节假日要顺延，如星期六、星期日休息两天，则星期四成交的外汇，要到下星期一才交割。企业在结清债务时要提前向银行做交易。但在我国银行对客户的“零售”交易中，有当天或隔天交割的，称为超短期交易，有利息差别。

②远期汇率：是指在未来一定时期进行交割，而事先由买卖双方签订合同、达成协议的汇率。到了交割日期，由协议双方按预订的汇率、金额进行钱汇两清。远期外汇买卖是

一种预约性交易，是由于外汇购买者对外汇资金需要的时间不同以及为了避免外汇汇率变动风险而引起的。远期外汇的汇率与即期外汇的汇率相比是有差额的，这种差额称为远期差价，有升水、贴水、平价三种情况：升水表示远期汇率比即期汇率贵；贴水表示远期汇率比即期汇率便宜；平价表示远期汇率与即期汇率相等。

（6）按对外汇管制程度的宽严区分，有官方汇率和市场汇率

①官方汇率：是指国家机构（财政部、中央银行或外汇管理当局）公布的汇率。官方汇率又可分为单一汇率和多重汇率。多重汇率是指一国政府对本国货币规定的一种以上的对外汇率，是外汇管制的一种特殊形式。其目的在于奖励出口、限制进口，限制资本的流入或流出，以改善国际收支状况。

②市场汇率：是指在自由外汇市场上买卖外汇的实际汇率。在外汇管理较松的国家，官方宣布的汇率往往只起中心汇率的作用，实际外汇交易则按市场汇率进行。

（7）按银行的营业时间划分，有开盘汇率和收盘汇率

①开盘汇率：又称开盘价，是指外汇银行在一个营业日刚开始营业时进行外汇买卖使用的汇率。

②收盘汇率：又称收盘价，是指外汇银行在一个营业日外汇交易终了时使用的汇率。

任务二　熟悉外汇管理的基本内容和基本要求

一、外汇管理制度

在我国，外汇管理亦称为外汇管制。外汇管理是指对外汇的收支、买卖、借贷、转移以及国际间结算、外汇汇率和外汇市场所实施的一种限制性的政策措施。目前，我国外汇管理体制基本上属于部分外汇管制，即对经常项目的外汇交易不实行或基本实行外汇管制，但对资本项目的外汇交易进行一定的限制。

（一）经常项目外汇管理

其主要包括：经常项目可兑换、经常项目外汇收入管理和进出口核销制度。

1.经常项目可兑换

它是指对属于经常项目下的各类交易，包括进出口货物、支付运输费、保险费、劳务服务、出境旅游、投资利润、借债利息、股息、红利等，在向银行购汇或从外汇账户支付时不受限制。

2.银行结汇制

目前，我国对经常项目下的外汇收入实行银行结汇制。自1997年10月起，逐步允许部分中资企业开立外汇账户，保留一定限额的外汇收入。

外商投资企业经常项目范围的外汇收入，可以开立外汇结算账户，由国家外汇管理局及其分局对外商投资企业的外汇结算账户核定可保留外汇的最高金额。最高金额之内的外汇可以保留，也可以卖给外汇指定银行或外汇调剂中心；超过最高金额的部分则必须卖给外汇指定银行或外汇调剂中心。

3.出口收汇和进口付汇核销制度

出口收汇核销是指货物出口后，对相应的收汇进行核销。进口付汇核销是指进口货款付出后，对相应的到货进行核销。实行这两项制度的目的是为了监督企业进出口货物后必须及时、足额地收回货款，付出货款后必须及时、足额地收到货物，从而阻止套汇和逃汇

等非法活动。

（二）资本项目外汇管理

现阶段，我国国际收支中的资本项目主要是外商来华直接投资、境外直接投资和借用外债三种形式。此处主要介绍前两种形式。

1.对外商直接投资的外汇管理

对外商直接投资的外汇管理分为外汇收入和支出管理两个方面。外商投资企业的资本项目外汇收入，主要是外汇投资款、国内外外汇贷款或境外发行外币债券等，对其管理主要有以下几个环节：

（1）外汇登记制度；

（2）外汇专用账户管理；

（3）外债登记。

外商投资企业资本项目下的外汇支出，主要是投资款的汇回和偿还外债本金。投资款要转移或汇出，须经国家外汇管理局的批准。偿还外债本金，须经国家外汇管理局核准后方可在银行或外汇调剂中心办理。

2.对境外直接投资的外汇管理

目前，负责境外投资项目审批的主管部门是国家计委和对外贸易经济合作部及其授权的部门。境外投资的外汇管理机关是国家外汇管理局，在境内机构提出向境外投资的立项申请前，外汇管理部门要对以下内容进行审查：

（1）投资者的资格；

（2）境外投资的投资风险；

（3）境外投资的外汇来源。

境外投资项目经有关部门批准后，投资者要到国家外汇管理局登记建档，并缴存境外投资利润汇回保证金。

二、外汇账户的开立和管理

1.外汇账户的开立

（1）开立条件

符合下列条件之一的境内机构（指中华人民共和国境内的国家机关、企事业单位、社会团体、部队等，包括外商投资企业，但不包括金融机构）可以向所在地国家外汇管理局及其分支局（以下简称外汇局）申请开立经常项目外汇账户：

①经有权管理部门核准或备案具有涉外经营权或有经常项目外汇收入；

②具有捐赠、援助、国际邮政汇兑等特殊来源和指定用途的外汇收入。

（2）开立程序

凡符合上述开立条件的境内机构、驻华机构（以下简称开户单位）均可开立外汇账户。

开户单位在申请开户时，可根据本单位情况自行选择开户银行，开户银行限于经批准经营外汇业务的各总行及其支行。

开户单位应按外管局要求提供开户所需的全部材料，经批准开户后，应在30个工作日内凭《外汇账户开立核准件》到开户银行办理开户手续。开户银行应填写《外汇账户开立核准件》的第四联并交开户单位，开户单位须于开户后10个工作日内持第四联到外管局领取《外汇账户使用证》。凡超出30个工作日，开户单位未到开户银行办理开户手续的，外管局颁发的《外汇账户开立核准件》自动作废。

境内机构原则上只能开立一个经营项目外汇账户。在同一银行开立相同性质、不同币种的经常项目外汇账户，无须另行由外管局核准。

在已使用账户系统的地区，符合开户条件的境内机构可根据其实际经营需要，向外管局申请开立多个经常项目外汇账户，在开户个数、开户金融机构方面不受限制。

开户单位如丢失《外汇账户开立核准件》或《外汇账户使用证》，必须登报声明作废，并持登报声明及补办申请到外管局办理补办手续。

（3）开立外汇账户所需材料

境内机构应当持下列材料向所在地外管局申请开立经常项目外汇账户：

①开立经常项目外汇账户申请书；

②营业执照或社团登记证等有效证明的原件和复印件；

③有权管理部门颁发的涉外业务经营许可证明的原件和复印件，或《外商投资企业外汇登记证》（以下简称《登记证》），或有关经常项目外汇收入的证明材料（如结汇水单等）；

④组织机构代码证明的原件和复印件；

⑤外管局要求的其他材料。

外管局审核境内机构申请开立经常项目外汇账户的材料，对于符合规定条件的，核发《经常项目外汇账户开立核准件》（以下简称《外汇账户开立核准件》）。外管局核准境内机构的开户申请时，应当为其开立的经常项目外汇账户核定限额，并在《外汇账户开立核准件》中注明。

2.外汇账户的使用

（1）开户单位办理账户收付时，必须向银行出具《外汇账户使用证》。开户银行凭《外汇账户使用证》规定的账户收支范围为开户单位办理账户的收付业务。任何开户单位及开户银行未经外管局批准，不得超范围使用账户。

（2）开户单位须按《外汇账户开立核准件》及《外汇账户使用证》中有关账户最高限额、使用期限、结汇方式等规定使用账户，不得超范围、超期限使用账户。对于净收入需结汇的账户，开户单位应及时办理结汇。因项目进展问题需延期使用的账户，应提前向外管局申请，未经批准不得擅自延期。

（3）外汇账户保留现汇的具体比例如下：

①上年度经常项目外汇支出占经常项目外汇收入的比例为80%以下的境内机构，其经常项目外汇账户限额不得超过上年度经常项目外汇收入的30%。

②上年度经常项目外汇支出占经常项目外汇收入的比例为80%以上（含80%）的境内机构，其经常项目外汇账户限额不得超过上年度经常项目外汇收入的50%。

③新开立经常项目外汇账户的境内机构，如上年度没有经常项目外汇收入，其开立经常项目外汇账户的初始限额不得超过等值10万美元。

④境内机构开立的捐赠、援助、国际邮政汇兑等特殊来源和指定用途以及国际承包工程等暂收待付项下的经常项目外汇账户，可保留外汇收入的100%。

国家外汇管理局可以对境内机构经常项目外汇账户的限额核定标准进行调整。境内机构经常项目外汇账户限额统一采用美元核定，境内机构开立其他币种经常项目外汇账户的，其限额由外管局按开户当期适用的内部统一折算率折算。

（4）开户单位开立多币种、两个或两个以上经常项目外汇账户的，每一个币种经常项目外汇账户必须确定限额，且所有经常项目外汇账户限额总和不得超过规定的限额。

（5）开户单位经常项目外汇收入，在外管局核定的经常项目外汇账户限额以内的，可以结汇，也可以存入其经常项目外汇账户；超出外管局核定的经常项目外汇账户限额的，外汇收入必须结汇。

（6）开户单位原则上不得将经常项目外汇账户中的外汇资金转作定期存款，确需转作定期存款的境内机构须凭申请书、外汇账户使用证、原账户开立核准件、对账单向开户所在地外管局申请。经常项目外汇账户的外汇资金转作定期存款的，须纳入其经常项目外汇账户限额的管理。在已使用账户系统的地区，开户单位可以将经常项目外汇账户中的外汇资金在开户金融机构中转作定期存款，但也须纳入其经常项目外汇账户限额的管理。

（7）同一开户单位在不同开户金融机构开立的相同性质经常项目外汇账户之间可以相互划转外汇资金。

3.外汇账户的变更

境内机构开立经常项目外汇账户后，如因经营需要调整开户单位名称、最高限额等账户信息的，应当持申请书、外汇账户使用证、原账户开立核准件、对账单向开户所在地外管局申请，并持开户所在地外管局的《账户变更核准件》到开户金融机构办理变更手续。开户金融机构业务办理完毕后，应当在每月初起5个工作日内将《账户变更核准件》第四联报开户所在地外管局。

境内机构因经营需要在注册地以外开立经常项目外汇账户的，应当向注册地外管局备案，持注册地外管局的异地开户备案件及第5条规定的材料向开户所在地外管局申请，凭开户所在地外管局核发的《外汇账户开立核准件》到开户金融机构办理开户手续。开户所在地外管局必须及时将有关开户信息书面告知注册地外管局。

4.外汇账户的关闭和撤销

境内机构关闭经常项目外汇账户，应当向外管局申请，凭外管局的《关户核准件》办理关闭账户手续。开户金融机构业务办理完毕后，应当在每月初起5个工作日内将《关户核准件》第四联报开户所在地外管局。

境内机构关闭经常项目外汇账户后，还开有其他相同性质经常项目外汇账户的，账户内资金可以转入其他相同性质经常项目外汇账户；如没有其他相同性质经常项目外汇账户的，账户内资金必须结汇。

境内机构开立经常项目外汇账户后，该账户一年内没有任何外汇收支的，境内机构应当在接到《撤户通知书》后5个工作日内到开户金融机构办理关闭账户手续，否则将被强行关闭。

境内机构开立捐赠、援助、国际邮政汇兑等特殊来源和指定用途的经常项目外汇账户，应当在账户内资金使用完毕后按照规定办理关闭账户手续。

5.外汇账户的监管

（1）开户金融机构应当在每月初起5个工作日内向外管局报送上月“境内机构经常项目外汇账户情况月报表”。各分局应于每月初起10个工作日内，将所辖地区“境内机构经常项目外汇账户情况月报表”汇总后报国家外汇管理局。在已使用账户系统的地区，开户金融机构应当每日通过账户系统向外管局报送经常项目外汇账户信息。开户金融机构和外管局可以不再报送“境内机构经常项目外汇账户情况月报表”。

（2）外管局应当对所辖境内进行年检。已使用账户系统的地区，不再对所辖境内进行年检。

（3）对违反规定的境内机构和开户金融机构，由外管局按照《中华人民共和国外汇管理条例》和《境内外汇账户管理规定》及其他有关规定进行处罚。

三、应当结汇的外汇收入

1.外汇收入的内容

根据《中华人民共和国外汇管理条例》《境内外汇账户管理规定》和中国人民银行1996年6月20日发布的《结汇、售汇及付汇管理规定》，境内机构外汇收入应当及时调回境内，并予以结汇，这些外汇包括：

（1）出口或者先支后收转口货物及其他交易行为收入的外汇。其中，用跟单信用证、保函和跟单托收方式结算的贸易出口外汇可以凭有效商业单据结汇，用汇款方式结算的贸易出口外汇可以持出口收汇核销单结汇。

（2）境外贷款项下国际招标中标收入的外汇。

（3）海关监管下境内经营免税商品收入的外汇。

（4）交通运输企业（包括各种运输方式）及港口（含空港）、邮电（不包括国际汇兑款）、广告、咨询、展览、寄售、维修等行业及各类代理业务提供商品或者服务收入的外汇。

（5）行政、司法机关收入的各项外汇违规费、处罚没收款等。

（6）土地使用权、著作权、商标权、专利权、非专利技术、商誉等无形资产转让收入的外汇，但上述无形资产属于个人所有的，可不结汇。

（7）境外投资企业汇回的外汇利润、对外经援项下收回的外汇和境外资产的外汇收入。

（8）对外索赔收入的外汇、退回的外汇保证金等。

（9）出租房地产和其他外汇资产收入的外汇。

（10）境外捐赠、资助及援助收入的外汇。

（11）国家外汇管理局规定的其他应当结汇的外汇。

2.外汇结汇的管理措施

根据国家外汇管理局2003年10月1日发布实施的《出口收汇核销管理办法实施细则》及其他相关规定，外经贸企业办理出口收汇核销时，须遵守以下三点：

第一，出口单位出口货物后，应当在预计收汇日期起30天内，持规定的核销凭证集中或逐笔向外汇局进行出口收汇核销报告。实行自动核销的出口单位，除特殊情况外，无须向外汇局进行核销报告。

第二，对预计收汇日期超过报关日期180天以上（含180天）的，出口单位应当在货物出口报关后60天内凭远期备案书面申请、远期收汇出口合同或协议、核销单、报关单及其他相关材料向外汇局办理远期收汇备案。

第三，出口单位进行出口收汇核销报告时，还应当按照下列规定提供核销凭证：

（1）以“一般贸易”“进料非对口”“有权军事装备”“无权军事装备”“对台贸易”方式出口的，提供核销单、报关单、核销专用联。

（2）以“易货贸易”方式出口的，提供易货合同、核销单、报关单。属全额易货的，还应当提供易进货物的进口报关单；属部分易货的，还应当提供核销专用联以及易进货物的进口报关单。

（3）以“来料加工”“来料深加工”方式出口的，提供核销单、报关单、核销专用联。同一合同项下的出口首次进行收汇核销报告时，还应当提供经商务主管部门核准的加工合同；合同发生变更或终止执行时，还应当提供有关的证明材料。

（4）以“补偿贸易”方式出口且合同规定以实物形式补偿的，提供补偿贸易合同、核销单、报关单以及相应的进口报关单。出口报关单金额大于进口报关单金额时，还应当提供核销专用联。

（5）以“进料抵扣”“进料深加工”“三资进料加工”方式出口的，全额收汇的，提供核销单、报关单、核销专用联；进料抵扣的，须到外汇局进行进料抵扣登记，提供核销单、报关单、差额部分的核销专用联以及相应的进口报关单。同一合同项下的出口首次进行抵扣核销报告时，还应当提供经商务主管部门核准的加工合同；合同发生变更或终止执行时，还应当提供有关的证明材料。

（6）以“货样广告品”方式出口的，提供核销单、报关单。收汇核销的提供核销专用联；对单笔不收汇金额超过等值500美元的，提供双方签订的合同或协议。

（7）以“对外承包出口”方式出口的，提供核销单、报关单。收汇核销的提供核销专用联；对单笔不收汇金额超过等值500美元的，提供双方签订的合同或协议。

（8）以“退运货物”方式出口的，提供核销单、报关单、进口报关单，对已经办理付汇手续的退运货物还应当提供核销专用联。

（9）以“进料料件复出”“进料边角料复出”方式出口的，收汇核销的提供核销单、报关单、核销专用联；不收汇的提供核销单、报关单、注明“进料抵扣”或“进料深加工”等方式的进口报关单。

（10）以“进料料件退换”方式出口的，收汇的提供核销单、报关单及核销专用联；不收汇的提供核销单、报关单及进料加工类的进口报关单。

（11）以“对台小额”方式出口的，以现汇结算的，提供核销单、报关单及核销专用联；以外币现钞结算的，提供核销单、报关单、外币现钞结汇水单和购货发票；以人民币结算的，提供核销单、报关单、人民币入账证明。

（12）以“保税工厂”“出料加工”方式出口的，收汇的提供核销单、报关单及核销专用联；加工后货物运回且不收汇的提供核销单、报关单及相应的进口报关单。

（13）以“租赁贸易”“租赁不满1年”方式出口的，提供租赁合同、核销单、报关单。如外商为承租方的，还应当提供核销专用联，若收回的租金不足核销的，还应当提供进口报关单；如我方为承租方的，还应当提供进口报关单电子底账打印件（加盖银行业务公章）。

（14）以“寄售代销”方式出口的，提供核销单、报关单及核销专用联，不能全额收汇的，还应当提供寄售代销确认书。

（15）以“边境小额”方式出口的，以现汇结算的，提供核销单、报关单、核销专用联；以外币现钞结算的，提供核销单、报关单、外币现钞结汇水单、购货发票；以人民币结算的，提供核销单、报关单、人民币入账证明（在境外贸易机构开立人民币边境贸易结算专用账的地区，可以提供境内人民币资金划转证明）；以毗邻国家货币结算的，提供核销单、报关单、经海关核验的携带毗邻国家货币现钞入境申报单或汇入汇款证明；以易货方式结算的，提供核销单、报关单、进口报关单；通过境内居民个人汇款收回外汇货款的，提供报关单、核销单、出口收汇核销专用结汇水单。

（16）以“旅游购物商品”及“一般贸易”方式报关的包机贸易出口的，以现汇结算的，提供核销单、报关单、核销专用联；以外币现钞或个人汇款结算的，提供核销单、报关单、购货发票及外币现钞结汇水单或个人汇入汇款结汇水单；以人民币结算的，提供核销单、报关单及人民币入账证明。

（17）以其他海关贸易监管方式出口的，按外汇局及有关部门的规定提供相关凭证。

四、购（付）汇的条件

境内机构下列贸易及非贸易经营性对外支付用汇，持与支付方式相应的有效商业单据和所列有效凭证从其外汇账户中支付或者到外汇指定银行兑付：

1.用跟单信用证／保函方式结算的贸易进口，如需在开证时购汇，持进口合同、进口付汇核销单、开证申请书；如需在付汇时购汇，还应当提供信用证结算方式要求的有效商业单据。核销时必须凭正本进口货物报关单办理。

2.用跟单托收方式结算的贸易进口，持进口合同、进口付汇核销单、进口付汇通知书及跟单托收结算方式要求的有效商业单据。核销时必须凭正本进口货物报关单办理。

3.用汇款方式结算的贸易进口，持进口合同、进口付汇核销单、发票、正本进口货物报关单、正本运输单据，若提单上的“提货人”和报关单上的“经营单位”与进口合同中列明的买方名称不一致，还应当提供两者间的代理协议。

4.进口项下不超过合同总金额的15%或者虽超过15%但未超过等值10万美元的预付货款，持进口合同、进口付汇核销单。

在上述1～4项下进口，实行进口配额管理或者特定产品进口管理的货物，还应当提供有关部门签发的许可证或者进口证明；实行自动登记制的货物，还应当提供填好的登记表格。

5.进口项下的运输费、保险费，持进口合同、正本运输费收据和保险费收据。

6.进口项下不超过合同总金额2%的暗佣（暗扣）和5%的明佣（明扣）或者虽超过上述比例但未超过等值1万美元的佣金，持出口合同或者佣金协议、结汇水单或者收账通知。

7.进口项下的尾款，持进口合同、进口付汇核销单、验货合格证明。

8.有关资料费、技术费、信息费等从属费用，持进口合同或者出口合同、进口付汇核销单或者出口收汇核销单、发票或者收费单据及进口或者出口单位负责人签字的说明书。

9.从保税区购买商品以及购买国外入境展览品的用汇，持上述1～8项规定的有效凭证和有效商业单据。

10.专利权、著作权、商标、计算机软件等无形资产的进口，持进口合同或者协议。

11.出口项下对外退赔外汇，持结汇水单或者收账通知、索赔协议、理赔证明和已冲减出口收汇核销的证明。

12.对外承包工程所需的投标金，持投标文件、履约保证金及垫付工程款项合同。

五、购（付）汇的程序

1.根据国家外汇管理局的要求，外经贸企业必须在办理进口付汇业务之前或办理进口付汇业务的同时，办理名录登记手续；否则，外汇管理局将不受理其备案申请。外经贸企业办理名录登记、公布时，须提供以下资料：

（1）进口单位资格证书副本；

（2）营业执照副本；

（3）企业组织机构代码证书；

（4）进口单位进入名录申请表（加盖单位公章）。

2.外经贸企业将充足的配套人民币资金存放于指定的银行账户中。

3.提供银行要求的进口商业单据和有效凭证，如进口合同、正本提单、发票、收据、进口许可证、进口登记表、特种商品进口登记证明等文件。而根据不同的结算方式的要求，还应提供附加资料，如进口开证项下购汇应提供开证申请书、进口托收项下购汇应提供有关付款通知单等。

4.填写一式三联的银行购汇（付汇）申请书，连同上述进口证明文件提交银行审核给付。

六、购（付）汇的管理措施

根据国家外汇管理局的要求，对外经贸企业进口购（付）汇管理主要分为：

1.记录登记、公布管理。

2.进口付汇备案管理。

（1）异地付汇项下进口付汇备案。须提供进口付汇备案函，并根据下列情况提供单据原件及加盖单位公章的复印件。

①利用当地项目贷款：进口合同及代理协议、异地项目贷款协议。

②在当地由分公司代为经营：进口合同及代理协议、分公司营业执照。

③在当地银行开立现汇账户：进口合同及代理协议、异地现汇账户使用证。

④根据结算方式，另行提供下列单据：

A.信用证方式：开证申请书；

B.托收方式：托收通知书；

C.预付货款方式：商业发票或形式发票（其中3万美元以上的预付货款，须对应提示以核对密押的预付款保函）；

D.进口商品验收入库时，货到汇款方式：商业发票、进口货物报关单及海关报关单联网核查IC卡（进口报关单“贸易方式”为“合资合作设备”或“外资设备物品”；征免性质为全免时，须提供“进口合资合作设备审批表”）。

（2）先支后收转口贸易项下进口付汇备案。须提交进口单位办理进口付汇备案函，并根据下列情况分别提供单据原件及加盖单位公章的复印件、营业执照、进出口合同、买方开来的信用证或经国内银行核对密押的外方银行开立的付款保函。根据结算方式，另外提供下列单据：

①信用证方式：开证申请书；

②托收方式：托收通知书；

③预付货款方式：商业发票或形式发票（其中3万美元以上的预付货款，须对应提示

以核对密押的预付款保函)；

④货到汇款方式：商业发票及提单复印件。

(3) 不在名录项下进口付汇备案。须提交进口单位进口合同办理进口付汇备案函，并根据下列情况分别提供单据原件及加盖单位公章的复印件。根据结算方式，另外提供下列单据：

①信用证方式：开证申请书；

②托收方式：托收通知书；

③预付货款方式：商业发票或形式发票（其中3万美元以上的预付货款，须对应提示以核对密押的预付款保函)；

④货到汇款方式：商业发票、进口货物报关单及海关报关单联网核查IC卡（进口报关单“贸易方式”为“合资合作设备”或“外资设备物品”；征免性质为全免时，须提供“进口合资合作设备审批表”）。

(4) 真实性审核付汇备案。须提交进口单位办理进口付汇备案函，并根据下列情况分别提供单据原件及加盖单位公章的复印件。

由外汇局审核真实性的进口付汇备案函：单位名单的企业办理备案，须提供进口合同。根据结算方式，另外提供下列单据：

①信用证方式：开证申请书；

②托收方式：托收通知书；

③预付货款方式：商业发票或形式发票（3万美元以上的预付货款，须对应提示以核对密押的预付款保函)；

④货到汇款方式：商业发票、进口货物报关单及海关报关单联网核查IC卡（进口报关单“贸易方式”为“合资合作设备”或“外资设备物品”；征免性质为全免时，须提供“进口合资合作设备审批表”）。

报关单经营单位与付汇人不符时，办理备案：须提供进口合同、商业发票、进口货物报关单、进口登记证、进口许可证或免税批文、代理协议。

3.进口付汇核销管理。

(1) 货到付款项下进口付汇核销，须提供以下资料：

贸易进口付汇到货核销表（一式两份，加盖进口单位公章)、贸易进口付汇核销单(代申报单)、进口付汇备案表（付汇前须备案登记的)。

(2) 信用证、托收、预付货款项下进口付汇核销，须提供以下资料：

贸易进口付汇到货核销表（一式两份，加盖进口单位公章)、贸易进口付汇核销单(代申报单)、进口付汇备案表（付汇前须备案登记的)、进口货物报关单、海关报关单联网核查IC卡、结汇水单／收汇入账通知（转口贸易、境外承包工程采购项下提供)、代理协议、进口登记证或进口许可证（报关单上经营单位与付汇人不一致时提供)、进出口部门批准的设备清单正本及复印件、会计师事务所验资报告正本及复印件、公司合同章程及该笔付汇的合同发票复印件（“贸易方式”为“合资合作设备”或“外商设备物资”，征免性质为全免时提供)、经贸部门批准内销文件（进料深加工结转项下提供)、国家外汇管理局要求的其他凭证（按报关单分类管理规定中24种有条件付汇的提供)、属特批付汇项下核销的须提供特批付汇件。

（3）异地付汇项下进口付汇核销，须提供以下材料：

贸易进口付汇到货核销表（一式两份，加盖进口单位公章）、贸易进口付汇核销单（代申报单）、由企业所在地外管局签发经付汇地外管局确认并加盖进口付汇核销监管业务章的进口付汇备案表、其他单证同货到付款、信用证、托收、预付货款项下进口付汇核销。

（4）退汇项下进口付汇核销，须提供以下材料：

贸易进口付汇到货核销表（一式两份，加盖进口单位公章）、贸易进口付汇核销单（代申报单）、进口付汇备案表（付汇前须备案登记的）、银行加盖业务章的涉外收入申报单、银行加盖业务章的外汇结汇水单或收账通知、属于部分退汇项下的应提供已进口货物的正本报关单、海关报关单联网核查IC卡、外管局要求的其他凭证（退汇核销说明文件、买卖双方签字的合同撤销、变更等材料）。

（5）进口付汇差额核销，根据如下情况提供资料：

①办理差额在等值±1 000美元或该次付汇总额差额在±2%（含）以上的进口付汇核销，应提供以下材料：与结算方式相对应的单证、加盖单位公章和法人代表签章（字）的详细说明材料及相关证明单证、外管局要求的其他单证。特殊项下付汇除提供上述资料外，还须提供特批文件。

②办理差额在等值±1 000美元或该次付汇总额差额在±2%（含）以下的进口付汇核销，应提供以下材料：与结算方式相对应的单证、加盖单位公章和法人代表签章（字）的详细说明材料及相关证明单证、外管局要求的其他单证。

4.进口报关单核查。

办理进口报关单核查，须提供以下资料：

进口货物报关单、海关报关单联网核查IC卡、外管局要求的其他凭证（按报关单分类管理规定中24种有条件付汇的提供）、属特批付汇项下核销的须提供特批付汇件。

项目二　汇兑损益

任务一　熟知汇兑损益基本知识

一、汇兑损益的概念

汇兑损益（exchange gains or losses）亦称汇兑差额，是指在各种外币业务的会计处理过程中，因采用不同的汇率而产生的会计记账本位币金额的差异。

二、汇兑损益的产生和确认

1.汇兑损益的产生

汇兑损益产生的原因是外经贸企业对发生的外币业务，一方面应当按外币原币登记外币账户，另一方面必须按照制度规定同时选用规定的汇率将外币金额折算为记账本位币金额。由于外汇汇率总是在不断地变化，这就导致同一外币数额在不同的时点会对应不同的记账本位币数额，因此在会计记账折算时就会形成汇兑损益。

具体说来，汇兑损益的产生有两个途径，即外币兑换及期末汇兑损益的计算。

（1）从事外币兑换业务时，由于银行总是低价买入、高价卖出，企业在外币兑换过程中就会产生汇兑损失。

（2）期末计算汇兑损益时，应对外币账户的期末余额以期末时的汇率（即期汇率）进行折算，折算金额与账面金额之间的差额，即确认为汇兑损益。例如，以外币计量的资产类科目“银行存款——外汇存款”“应收账款——应收外汇账款”等，在汇率上升时会产生汇兑收益，在汇率下降时会产生汇兑损失。而以外币计量的负债类科目“短期借款——外汇借款”“应付账款——应付外汇账款”等，在汇率上升时会产生汇兑损失，在汇率下降时会产生汇兑收益。

2. 汇兑损益的确认

汇兑损益的确认，一是指外经贸企业在发生外币业务时，必须一方面按外币原币登记有关外币账户，同时还必须将外币金额折算为记账本位币金额，在将外币金额折算为记账本位币金额时，一般采用外币业务发生时的即时汇率（即期汇率）；二是指在月份（或季度、年度）终了时，对于各外币账户的期末余额，必须按期末即时汇率（通常使用中间价即期汇率）将外币账户期末余额折算为记账本位币金额，并将外币账户期末余额折算为记账本位币金额与相对应的记账本位币账户的期末余额之间的差额，确认为汇兑损益，计入当期损益。

当不同货币进行兑换时，如企业日常核算用即期汇率的中间价，而兑换所用汇率为银行的买入价或卖出价，此时汇兑损益应当当即产生并确认。

任务二　掌握汇兑损益的会计处理方法

一、汇兑损益核算的账户设置

汇兑损益会计核算的主要内容有：（1）外币业务发生时外币金额折算的账务处理；（2）外币业务导致的外币债权债务因汇率变动所产生的外币折算差额即汇兑损益的账务处理。因此，为了正确、及时地核算汇兑损益，外经贸企业必须设置如下账户：

1. 货币资金账户

①库存现金——外币现金

②银行存款——外汇存款

2. 外汇结算的债权账户

①应收账款——应收外汇账款

②应收票据——应收外汇票据

③预付账款——预付外汇账款

3. 外汇结算的债务账户

①短期借款——短期外汇借款

②应付账款——应付外汇账款

③应付票据——应付外汇票据

④预收账款——预收外汇账款

二、汇兑损益核算的基本步骤

外经贸企业在发生外汇业务时，应按照以下的核算步骤进行账务处理：

1. 根据确定的外币折算汇率，将外币金额折算为人民币金额，按照折算后的人民币金额登记相关的人民币账户，同时应按照原币的币种和金额登记对应的外汇账户。在折算汇率的选择上，应采用业务发生时的即时汇率（即期汇率）。

上述折算汇率方法一经采用，在一个完整的会计期间内一般不作变更。这里所说的外币折算汇率是指会计准则规定的即期汇率，一般为当日中国人民银行公布的人民币汇率的中间价（本书以后的章节将当日即期汇率，统称为当日中间价）。

2.整个会计期末（月末、季末或年末）应对各个会计账户的余额，按照期末的即时市场汇率（即期汇率）集中折算为人民币，并将折算后的人民币金额与所对应的期末账户中的人民币余额之间的差额，结转为汇兑损益。

中国人民银行每日仅公布银行间外汇市场人民币兑美元、欧元、日元、港元的中间价。企业的外币交易只涉及人民币与美元、欧元、日元、港元之间折算的，可直接采用中国人民银行挂牌价（中间价）进行折算；企业的外币交易涉及人民币与其他货币之间折算的（或涉及其他货币与其他货币折算的），应按照国家外汇管理局公布的各种货币对美元折算率采用套算的方法进行折算。

企业发生外币交易的，应在初始确认时采用交易日的即期汇率（或近似汇率）将外币金额折算成记账本位币金额，这里的即期汇率可以是外汇汇率的买入价、卖出价、中间价。在与银行不进行货币兑换时，一般以中间价为即期汇率。由于会计准则规定应使用即期汇率，在“结汇制”与“售汇制”下，当出口收汇时所收外汇被结汇，即为外汇兑成人民币；而当进口需要外汇时需向银行购回外汇，即为人民币兑成外汇。所以，企业无论是采用“逐笔结转”还是采用“月末一次结转”，此时也可采用实际的买入价与卖出价进行折算。

企业在对记账本位币的选用上，应考虑下列因素：一是所选用的货币能够对企业商品与劳务销售价格起主要作用，即通常以该货币进行商品与劳务销售的计价与结算。二是所选用的货币能够影响商品与劳务所需人工、材料和其他费用，即通常以该货币进行商品与劳务费用的计价与结算。三是融资活动获得的资金以及保存从经营活动中收取款项时所使用的货币，即根据融资活动获得的资金占销售收入比重大小，或企业通常留存的销售收入的货币情况来确定。此外，已经记在账上的各种汇率称之为账面汇率，一般情况下，当采用先进先出法时则为最先入账汇率，当采用加权平均法时则为加权平均汇率。

三、汇兑损益的账务处理

我国现行《企业会计准则》对不同情况下汇兑损益的处理进行了明确规定：

1.项目筹建期内发生的汇兑损益，属于开办费的，应计入长期待摊费用。

2.与购建固定资产有关的外币专门借款产生的汇兑损益，按照借款费用的处理原则进行处理。也就是说，因专门借款而发生的利息、折价或溢价的摊销和汇兑损益，在符合资本化条件的情况下，应当予以资本化，计入该项固定资产的购建成本；其他的借款利息、折价或溢价的摊销和汇兑损益，应当于发生当期确认为费用。

3.除上述情况外，因银行结售汇或者不同币种之间的兑换而产生的银行买入价、卖出价与企业折算汇率（即期汇率）之间的差额，应记入当期的“财务费用——汇兑损益”科目。

根据现行会计准则规定，对外经贸企业的应收及应付外汇账款、现汇存款、现钞及外汇借款等计算的汇兑损益，既要采用逐笔结转的方法，也要采用集中结转的方法。

（1）所谓逐笔结转，就是每结汇一次就计算每一笔的汇兑损益，到年底再将应收、应付外汇账款的原币余额按当日市场汇价即即时市场汇率（即期汇率）进行折算后，对人民币账户余额进行调整，差额记入“财务费用——汇兑损益”科目。不同货币兑换时，即采用此种方法。

[实例2-1] 企业将20 000美元兑换成人民币，当日汇率为买入价1美元=6.60元人民币，卖出价1美元=6.70元人民币，中间价1美元=6.65元人民币。

借：银行存款——人民币户　　USD20 000　6.60　132 000
　　财务费用——汇兑损益　　1 000
　贷：银行存款——美元户　　USD20 000　6.65　133 000

[实例2-2] 企业从银行购买10 000港元，当日汇率为买入价1港元=0.83元人民币，卖出价1港元=0.87元人民币，中间价为1港元=0.85元人民币。

借：银行存款——港币户　　HKD10 000　0.85　8 500
　　财务费用——汇兑损益　　200
　贷：银行存款——人民币户　　HKD10 000　0.87　8 700

[实例2-3] 企业以40 000美元兑换成港元，当日港元汇率为买入价1港元=0.83元人民币，卖出价1港元=0.87元人民币，中间价为1港元=0.85元人民币；当日美元汇率为买入价1美元=6.60元人民币，卖出价1美元=6.70元人民币，中间价为1美元=6.65元人民币。

USD40 000×6.60÷0.87=HKD303 448.28

借：银行存款——港币户　　HKD303 448.28　0.85　257 931.04
　　财务费用——汇兑损益　　8 068.96
　贷：银行存款——美元户　　HKD40 000　6.65　266 000

(2) 所谓集中结转，就是平时结汇时，按当时市场汇价即即时市场汇率（即期汇率）核销应收、应付外汇账款，月末再将应收、应付外汇账款的原币余额按当日市场汇价即即时市场汇率（中间价）对人民币余额进行调整，差额集中一次记入“财务费用——汇兑损益”科目。

不论采用逐笔结转还是采用集中结转方法，年末（12月31日）必须按当日汇价即即时市场汇率（中间价）计算调整各外汇账户人民币余额与原账面余额的差额，计入汇兑损益。

财务经理提示

会计准则规定，上列两种方法应根据不同的外币业务而使用，但不论采用逐笔结转还是采用集中结转方法，当不同货币相互兑换时，如企业日常核算用即期汇率的中间价，而兑换所用汇率应为银行的买入价与卖出价，此时汇兑损益应当当即产生并确认。

任务三　掌握购（付）汇的会计核算

在国家允许企业保留一定限额现汇的情况下，外经贸企业对外支付外汇有以下两种方式：一种是从银行购汇后支付；另一种是从企业现汇账户中直接支付。

[实例2-4] 在向银行购汇的情况下，A外经贸企业以货到信用证方式向外商支付进口货款10 000美元，银行当天即期汇率卖出价为1美元=6.72元人民币，企业应作如下账务处理：

1.外汇开证时

借：其他货币资金——信用证保证金　　USD10 000　6.72　67 200

贷：银行存款——人民币户　USD10 000　6.72　67 200

2.对方银行提示付款时

借：应付账款——应付外汇账款　USD10 000　6.72　67 200

贷：其他货币资金——信用证保证金　USD10 000　6.72　67 200

[实例2-5] 在动用现汇的情况下，A外经贸企业向外商支付进口货款10 000美元，银行当天即期汇率为1美元=6.72元人民币，企业应作如下账务处理：

借：应付账款——应付外汇账款　USD10 000　6.72　67 200

贷：银行存款——美元户　USD10 000　6.72　67 200

[实例2-6] 金鹿公司是一家具有进出口权的生产型公司，选择确定的记账本位币为人民币，其外币交易记账汇率采用交易日即时市场汇率（即期汇率）。该公司2016年12月1日有关外币账户期初余额见表2-1。

表2-1　**有关外币账户期初余额表**

账户名称	外币余额	汇率	人民币金额
银行存款——美元户	USD200 000	6.69	CNY1 338 000
银行存款——港币户	HKD50 000	0.90	CNY45 000
应收账款——A客户（美元户）	USD30 000	6.69	CNY200 700
应付账款——B客户（美元户）	USD50 000	6.69	CNY334 500

该公司12月份发生下列业务：

(1) 12月2日，上月国外A公司所欠货款30 000美元今日收到入账，当日即期汇率为1美元=6.88元人民币。

(2) 12月12日，向国外A公司出口产品一批，CIF价为50 000美元，货款尚未收到，当日即期汇率为1美元=6.86元人民币。

(3) 12月13日，从美元银行存款户中支付上月所欠国外B公司货款25 000美元，当日即期汇率为1美元=6.87元人民币。

(4) 12月15日，向国外C公司进口甲材料50吨，每吨价格3 000美元，当日即期汇率为1美元=6.85元人民币，货款尚未支付。

(5) 12月16日，将20 000美元兑换成人民币，当日即期汇率为买入价1美元=6.79元人民币，中间价1美元=6.80元人民币。

(6) 12月18日，从美元银行存款户中支付外方工作人员工资7 200美元，当日即期汇率为1美元=6.85元人民币。

(7) 12月20日，收到本月12日向国外A公司销售产品的货款50 000美元，当日即期汇率为1美元=6.85元人民币。

(8) 12月21日，从美元银行存款户中归还上月欠B公司货款25 000美元，当日即期汇率为1 美元=6.86元人民币。

(9) 12月26日，以40 000美元兑换成港元，当日港元即期汇率为卖出价1港元=0.85元人民币，中间价1港元=0.84元人民币；美元即期汇率为买入价1美元=6.85元人民币，中间价1美元=6.86元人民币。

(10) 12月28日，向香港D公司出售产品30 000港元，货款尚未收到，当日即期汇率为1港元=0.84元人民币。

2016年12月31日，当日美元即期汇率为1美元=6.86元人民币，港元即期汇率为1港元=0.85元人民币。会计分录如下：

(1) 借：银行存款——美元户　USD30 000　6.88　206 400
　　贷：应收账款——应收外汇账款——A　USD30 000　6.88　206 400

(2) 借：应收账款——应收外汇账款——A
　　USD50 000　6.86　343 000
　　贷：主营业务收入——自营出口销售收入　USD50 000　6.86　343 000

(3) 借：应付账款——应付外汇账款——B
　　USD25 000　6.87　171 750
　　贷：银行存款——美元户　USD25 000　6.87　171 750

(4) 借：在途物资——甲材料　USD150 000　6.85　1 027 500
　　贷：应付账款——应付外汇账款——C　USD150 000　6.85　1 027 500

(5) 借：银行存款——人民币户　USD20 000　6.79　135 800
　　财务费用——汇兑损益　200
　　贷：银行存款——美元户　USD20 000　6.80　136 000

(6) 借：应付职工薪酬　USD7 200　6.85　49 320
　　贷：银行存款——美元户　USD7 200　6.85　49 320

(7) 借：银行存款——美元户　USD50 000　6.85　342 500
　　贷：应收账款——应收外汇账款——A　USD50 000　6.85　342 500

(8) 借：应付账款——应付外汇账款——B
　　USD25 000　6.86　171 500
　　贷：银行存款——美元户　USD25 000　6.86　171 500

(9) USD40 000×6.85÷0.85=HKD322 352.94

借：银行存款——港币户　HKD322 352.94　0.84　270 776.47
　　财务费用——汇兑损益　3 623.53
　贷：银行存款——美元户　USD40 000　6.86　274 400

(10) 借：应收账款——应收外汇账款——D
　　HKD30 000　0.84　25 200
　　贷：主营业务收入——自营出口销售收入　HKD30 000　0.84　25 200

将上列业务登记入账后，汇兑损益的计算如下：

借　**银行存款——美元户**　贷

期初余额 USD200 000	6.69	1 338 000	③USD25 000	6.87	171 750
①USD30 000	6.88	206 400	⑤USD20 000	6.80	136 000
⑦USD50 000	6.85	342 500	⑥USD7 200	6.85	49 320
			⑧USD25 000	6.86	171 500
			⑨USD40 000	6.86	274 400
期末余额 USD162 800		1 083 930			

USD162 800×6.86-1 083 930=+32 878（收益）

借　**银行存款——港币户**　贷

借方	贷方
期初余额　HKD50 000　0.90　45 000	
⑨HKD322 352.94　0.84　270 776.47	
期末余额　HKD372 352.94　315 776.47	

HKD372 352.94×0.85−315 776.47=+723.53（收益）

借　**应收账款——应收外汇账款——A**　贷

借方	贷方
期初余额　USD30 000　6.69　200 700	①USD30 000　6.88　206 400
②USD50 000　6.86　343 000	⑦USD50 000　6.85　342 500
	期末余额　USD0　5 200

USD0×6.86−（−5 200）=+5 200（收益）

借　**应收账款——应收外汇账款——D**　贷

借方	贷方
期初余额　HKD0	
⑩HKD30 000　0.84　25 200	
期末余额　HKD30 000　25 200	

HKD30 000×0.85−25 200=+300（收益）

借　**应付账款——应付外汇账款——B**　贷

借方	贷方
③USD25 000　6.87　171 750	期初余额　USD50 000　6.69　334 500
⑧USD25 000　6.86　171 500	
期末余额　USD0　8 750	

USD0×6.86−（−8 750）=+8 750（损失）

借　**应付账款——应付外汇账款——C**　贷

借方	贷方
	期初余额　USD0
	④USD150 000　6.85　1 027 500
	期末余额　USD150 000　1 027 500

USD150 000×6.86−1 027 500=+1 500（损失）

根据上列账户所结出的汇兑损益，年末作调整会计分录如下：

	借方	贷方
借：银行存款——美元户	32 878	
——港币户	723.53	
应收账款——应收外汇账款——A	5 200	
——D	300	
财务费用——汇兑损益	28 851.53	
贷：应付账款——应付外汇账款——B		8 750
——C		1 500

任务四　掌握接受外币资本投资的会计处理

外经贸企业接受外币投资或中外双方共同投资，我国目前采用的是收到外币款项时的市场汇率（当日即期汇率，一般采用中间价）。将外币折算为记账本位币入账。在实际工作中，对于“实收资本”账户的登记入账，按照现行会计准则的规定，不管双方是否约定汇率，实收资本应以投资款到账日的即时汇率（中间价）折算入账。

[实例2-7] 2016年1月，半球集团公司为了提升家用小轿车的市场竞争力，决定与美国通用汽车公司双方共同投资设立一家轿车制造公司。该轿车制造公司的注册资本为人民币2亿元，其中美国通用汽车公司投入1 000万美元作为资本投入。收到外币投资款项时的市场汇率为1美元=6.80元人民币。

借：银行存款——美元户　　USD10 000 000　6.80　68 000 000

　贷：实收资本　　　　　　USD10 000 000　6.80　68 000 000

[实例2-8] 安普股份有限公司与外商签订的投资合同中规定外商分次投资外币资本，在投资合同中没有约定折算汇率。安普股份有限公司第一次收到外商投入资本300 000美元，当时的市场汇率为1美元=6.55元人民币；第二次收到外商投入资本300 000美元，当时的市场汇率为1美元=6.60元人民币。

第一次收到外币资本时，会计分录如下：

借：银行存款——美元户　　USD300 000　6.55　1 965 000

　贷：实收资本　　　　　　USD300 000　6.55　1 965 000

第二次收到外币资本时，会计分录如下：

借：银行存款——美元户　　USD300 000　6.60　1 980 000

　贷：实收资本　　　　　　USD300 000　6.60　1 980 000

项目三　国际贸易术语

任务一　熟知国际贸易术语基本概念及涵义

一、贸易术语的概念和意义

1.贸易术语的概念

贸易术语（international trade terms）是指用一个简短的概念（如free on board）或三个字母的外文缩写（如FOB），表示价格的构成和买卖双方在货物交接过程中有关手续、费用、风险和责任的划分。采用某种专门的价格术语，就能明确买卖双方在货物交接过程中有关双方承担的责任、风险、费用，即确定交货条件。

2.贸易术语的意义

贸易术语又称价格术语，是为适应国际贸易的特点，在长期的贸易实践中形成的一种贸易惯例。国际货物买卖是在不同国家之间进行的，具有较国内贸易复杂得多的因素，诸如：由何方洽谈租赁运输工具、装货、卸货、办理货运保险、申领进出口许可证和报关纳税等进出口手续；由何方支付运费、装卸费、保险费、税费和其他杂项费用；由何方负担货物在运输途中可能发生的损坏和灭失的风险等。如果每笔交易都要求买卖双方对上述手续、费用和风险逐项反复洽谈，将耗费大量的时间和费用，影响交易的达成。为此，在国际贸易的长期实践中，逐渐形成了各种不同的贸易术语。在一笔出口或进口贸易中，通过使用贸易术语，可明确买卖双方在手续、费用和风险方面的责任划分，促进交易的快速达成。

综上所述，可以看出贸易术语具有两重性：一方面表示交货条件；另一方面表示成交价格的构成因素。这两者是紧密相关的。

任务二　熟悉国际贸易术语的种类和基本内容

一、贸易术语的种类

（一）装运港船上交货价格

Free On Board（…named port of shipment），即装运港船上交货（……指定装运港）。此术语是指卖方在约定的装运港将货物交到买方指定的船上。

按照《2000年通则》的规定，FOB术语只适用于海运和内河航运。

按照国际商会对FOB的解释，买卖双方各自承担的基本义务，概括起来可作如下划分：

1.卖方义务

（1）在合同规定的时间或期限内，在装运港按照习惯方式将货物交到买方指定的船上，并及时通知买方；

（2）自负风险和费用，取得出口许可证或其他官方批准的证件，在需要办理海关手续时，办理货物出口所需的一切海关手续；

（3）负担货物在指定装运港越过船舷为止的一切费用和货物灭失和/或损坏的风险；

（4）自付费用提供证明货物已交至船上的通常单据，如果买卖双方约定采用电子通信，则所有单据均可被具有同等效力的电子数据交换（EDI）信息所代替。

2.买方义务

（1）自负风险和费用，取得进口许可证或其他官方批准的证件，在需要办理海关手续时，办理货物进口以及经由他国过境的一切海关手续，并支付有关费用及过境费；

（2）负责租船或订舱，支付运费，并给予卖方关于船名、装船地点和要求交货时间的充分的通知；

（3）负担货物在指定装运港越过船舷后的一切费用和货物灭失和/或损坏的风险；

（4）接受卖方提供的有关单据，受领货物，并按合同规定支付货款。

（二）成本加运费价格

Cost and Freight（…named port of destination），即成本加运费（……指定目的港）。此术语是指卖方必须负担货物运至约定目的港所需的成本和运费。但是，货物交付后灭失和/或损坏的风险，以及因货物交付后发生的事件而引起的任何额外费用，自交付时起由卖方转移至买方承担。这里所指的成本相当于FOB，故CFR是在FOB的基础上加上装运港至目的港的通常运费。此术语只适用于海运和内河航运。

《2000年通则》指出，CFR术语是全球广泛接受的“成本加运费”术语的唯一标准代码，不应再使用C&F（或C and F，C+F）这种传统的术语。

按照国际商会对CFR的解释，买卖双方各自承担的基本义务，概括起来可作如下划分：

1.卖方义务

（1）自负风险和费用，取得出口许可证或其他官方批准的证件，在需要办理海关手续时，办理货物出口所需的一切海关手续；

（2）签订从指定装运港承运货物运往指定目的港的运输合同，在买卖合同规定的时间和港口，将货物装上船并支付至目的港的运费，装船后及时通知买方；

（3）承担货物在指定装运港越过船舷为止的一切风险；

（4）向买方提供通常的运输单据，如果买卖双方约定采用电子通信，则所有单据均可被具有同等效力的电子数据交换（EDI）信息所代替。

2.买方义务

（1）自负风险和费用，取得进口许可证或其他官方批准的证件，在需要办理海关手续时，办理货物进口以及必要时经由另一国过境的一切海关手续，并支付有关费用及过境费；

（2）承担货物在指定装运港越过船舷以后的一切风险；

（3）接受卖方提供的有关单据，受领货物，并按合同规定支付货款；

（4）支付除通常运费以外的有关货物在运输途中所产生的各项费用以及包括驳运费和码头费在内的卸货费。

财务经理提示

使用CFR术语应注意的要点如下：

1.卖方应及时发出装船通知

按CFR条件成交时，由卖方安排运输，由买方办理货运保险。如果卖方不及时发出装船通知，则买方就无法及时办理货运保险，甚至有可能出现漏保货运险的情况。因此，卖方装船后务必及时向买方发出装船通知，否则，卖方应承担货物在运输途中的风险和损失。

2.按CFR进口应慎重行事

在进口业务中，按CFR条件成交时，鉴于由外商安排装运，由我方负责保险，故应选择资信好的国外客户成交，并对船舶提出适当要求，以防外商与船方勾结，出具假提单、租用不适航的船舶或伪造品质证书与产地证明。若出现这类情况，会使我方蒙受不应有的损失。

（三）成本加运费保险费价格

Cost Insurance and Freight（…named port of destination），即成本、保险费加运费（……指定目的港）。此术语是指卖方必须在合同规定的日期或期间内在装运港将货物交至运往指定目的港的船上，负担货物越过船舷为止的一切费用和货物灭失和/或损坏的风险，负责租船或订舱，支付从装运港到目的港的正常运费，并负责办理货运保险，支付保险费。由此可以看出，CIF除具有CFR相同的义务外，卖方还应负责办理货运保险和支付保险费。

按照《2000年通则》的规定，CIF术语只适用于海运和内河航运。

按照国际商会对CIF的解释，买卖双方各自承担的基本义务，概括起来可作如下划分：

1.卖方义务

（1）自负风险和费用，取得出口许可证或其他官方批准的证件，在需要办理海关手续时，办理货物出口所需的一切海关手续；

（2）负责在买卖合同规定的日期和期间内在指定装运港将符合合同规定的货物交至运往指定目的港的船上，装船后及时通知买方；

（3）负责租船或订舱，并支付至目的港的运费，办理货物运输保险，支付保险费；

（4）负担货物在指定装运港越过船舷为止的一切费用和货物灭失和/或损坏的风险；

（5）向买方提供商业发票、保险单据、运输单据，如果买卖双方约定采用电子通信，则所有单据均可被具有同等效力的电子数据交换（EDI）信息所代替。

2.买方义务

（1）自负风险和费用，取得进口许可证或其他官方批准的证件，办理货物进口以及经由另一国过境运输的一切海关手续；

（2）承担货物在指定装运港越过船舷以后的一切风险；

（3）接受卖方提供的有关单据，受领货物，并按合同规定支付货款；

（4）支付除正常运费、保险费以外的有关货物在运输途中所产生的各项费用。

财务经理提示

使用CIF术语应注意的事项如下：

1.CIF合同属于“装运合同”

在CIF术语下，卖方在装运港将货物装上船，即完成交货义务。因此，采用CIF术语订立的合同属于“装运合同”。但是，由于在CIF术语后所注明的是目的港（如“CIF伦敦”），在我国曾将CIF术语译作“到岸价”，所以CIF合同的法律性质常被误解为“到货合同”。为此必须明确指出，CIF以及其他C组术语（CFR、CIP）与F组术语（FCA、FAS、FOB）一样，卖方在装运地完成交货义务，采用这些术语订立的买卖合同均属“装运合同”性质。按此类术语成交的合同，卖方在装运地（港）将货物交付装运后，对货物可能发生的任何风险不再承担责任。

2.卖方办理保险的责任

在CIF合同中，卖方是为了买方的利益办理货运保险的，因为此项保险主要是为了保障货物装船后在运输途中的风险。《2000年通则》对卖方的保险责任规定：如无相反的明示协议，卖方只须按《协会货物保险条款》或其他类似的保险条款中最低责任的保险险别投保；如买方有要求，并由买方负担费用，卖方应在可能的情况下投保战争、罢工、暴动和民变险。最低保险金额应为合同规定的价款加10%，并以合同货币投保。

在实际业务中，为了明确责任，外经贸企业在与国外客户洽谈交易采用CIF术语时，一般都应在合同中具体规定保险金额、保险险别和适用的保险条款。

3.象征性交货问题

从交货方式来看，CIF是一种典型的象征性交货（symbolic delivery）。所谓象征性交货，是针对实际交货（physical delivery）而言的。前者是指卖方只要按期在约定地点完成装运，并向买方提交合同规定的包括物权凭证在内的有关单证，就算完成了交货义务，而无须保证到货。后者是指卖方要在规定的时间和地点，将符合合同规定的货物提交给买方或其指定人，而不能以交单代替交货。在象征性交货方式下，卖方是凭单交货，买方是凭单付款，只要卖方按时向买方提交了符合合同规定的全套单据，即使货物在运输途中损坏或灭失，买方也必须履行付款义务。反之，如果卖方提交的单据不符合要求，即使货物完好无损地运达目的地，买方仍有权拒付货款。由此可见，CIF交易实际上是一种单据的买卖。所以，装运单据在CIF交易中具有特别重要的意义。但是，必须指出，按CIF术语成交，卖方履行其交单义务，只是得到买方付款的前提条件，除此之外还必须履行交货义务。如果卖方提交的货物不符合要求，买方即使已经付款，仍然可以根据合同的规定向卖方提出索赔。

项目四　国际贸易结算

任务一　熟知国际结算基本知识

一、国际贸易结算概述

国际间进行贸易和非贸易往来而发生的债权债务，要用货币收付，在一定的形式和条件下结清，这就产生了国际结算方式。国家之间办理货币收支调拨，以结算位于不同国家的当事人之间的债权债务，称为国际结算（international trade settlement）。

通常把对外贸易所发生的债权债务的结算，称为贸易结算。除此之外的各种对外结算，如各种劳务收支、侨民汇款、旅游收支、赠送、投资、外交领事馆经费等的结算，称为非贸易结算。对外经贸企业来说，主要是从事贸易活动而涉及的国际结算。

国际结算方式从简单的现金结算方式，发展到比较完善、便捷的非现金结算方式。现在的国际结算主要是靠非现金结算来实现的。非现金结算是以银行信用为基础，以收付款双方在银行开立的账户为条件，通过各种结算工具的传递来实现资金的划转。按在国际结算中所使用的外汇的性质不同，国际结算方式可分为现汇结算方式和记账外汇结算方式两种。

二、国际上的对外结算制度

1.现汇多边结算制度

现汇多边结算制度是指在外汇买卖自由的情况下，根据每一笔业务进行逐笔现汇收付的结算制度，现汇是可兑换的外汇。这种制度是建立在金本位制下和以外汇自由为前提。随着金本位制的动摇和各国外汇管制的加强，这种制度逐渐被管制的、双边的国际结算制度所代替。

2.记账双边结算制度

记账双边结算制度是指两国政府签订支付协定，开立清算账户集中抵消和清算两国之间由于贸易和非贸易往来所发生的债权债务收支。在这种制度下，甲国对乙国的债权只能用来偿还甲国对乙国的债务，而不能用此债权来抵偿甲国对任何第三国的债务。双边清算则由两国的中央银行负责具体的组织实施。具体做法是：由两国的商业银行或外汇银行各自向本国的中央银行收付本国货币，再由本国的中央银行记入对方国家的结算账户。在记账方式上，一般采用“先借后贷法”，即出口方银行主动借记进口方银行开立在该行的账户，然后再由进口方银行贷记出口方银行开立在该行的账户。为此，各方再设维持账户以核对对方寄来的账单。

任务二　熟练掌握常用的国际结算方式

一、国际结算的支付方式

目前商品贸易的非现金结算方式主要有汇付、托收和信用证三种，其中信用证的使用比例最高。这三种常用的结算方式对应的货与款的先后顺序见表2-2。

表2-2　**结算方式对应的货与款的先后顺序**

结算方式	货与款的先后顺序
汇付（remittance）	款先货后（主动付款）、货先款后（赊账）
托收（collection）	同时交割（付款承兑后换取提单）
信用证（letter of credit）	同时交割（付款承兑后换取提单）

二、汇付结算方式

1.汇付结算方式的概念

汇付是指利用进出口双方所在地银行的汇兑业务进行的结算，也就是由汇款人将款项交给当地银行，由银行委托收款人所在地的银行将款项转交收款人。按资金的流转方向，汇付属于顺汇法。

2.汇付结算方式的当事人

汇付的当事人有四个：（1）付款方叫汇款人；（2）收款方叫收款人；（3）受汇款人委托汇出汇款的银行叫汇出行；（4）受汇出行委托解付汇款给收款人的银行叫汇入行。

3.汇付结算方式的种类

根据汇付所采用的通知方式的不同，汇付可分为电汇、信汇、票汇三种。

（1）电汇（T/T）

由进口地银行（汇出行）应汇款人的申请用电报或电传通知出口地银行（汇入行），委托出口地银行向卖方付款的一种汇款方式。这种汇款方式收款较快，费用较高。汇款人要负担电汇费用，对收款人迅速收汇有利。银行汇款申请书如图2-1所示。

（2）信汇（M/T）

由买方将款项付至进口地银行，由银行开具付款委托书邮寄给卖方所在地银行，委托其向卖方付款的一种汇款方式。信汇结算方式流程如图2-2所示。

（3）票汇（D/D）

由汇出行应汇款人的申请，代汇款人开立以其分行或代理行为解付行的银行即期汇票，支付一定金额给收汇人的一种汇款方式。由付款人向其所在地银行购买汇票寄给收款人，由收款人或其指定人持汇票向汇入行取款。票汇以银行即期汇票作为结算工具。票汇结算方式流程如图2-3所示。

4.汇付结算方式的特点及适用性

按卖方交货、买方汇付的时间关系，汇付可分为预付、即付、延付三种情况。预付对卖方较为有利，可无偿占有买方的货币时间价值并不承担任何风险，而对买方颇为不利，资金被无偿占用且存在付款后收不到货的风险。延付对买方较为有利，可减少资金占压，并可杜绝先付款的风险，但对卖方非常不利。在买卖双方其他利益对等的情况下，采用即

中国银行××分行汇款申请书

BANK OF CHINA，ZHENGZHOU BR.APPLICATION FOR REMITTANCE

日期：

□电汇 T/T　□票汇 D/D　□信汇 M/T　DATE：

金额：

AMOUNT：

收款人名称：______

NAME OF BENEFICIARY：

收款人地址：______

ADDRESS OF BENEFICIARY：

汇款人名称：______

NAME OF REMITTER：

汇款人地址：______

ADDRESS OF REMITTER：

附言：

汇款人签章：

SIGNATURE：

经办人：　电话：

图 2-1　银行汇款申请书

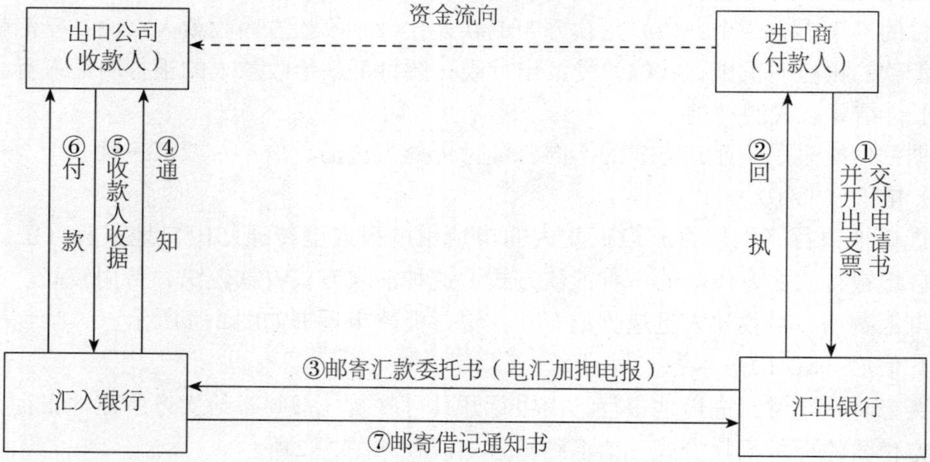

图 2-2　信汇结算方式流程图

付货款对双方是比较公允的。由于汇付方式是建立在商业信用的基础上，并且对买卖双方缺乏公允性，所以在贸易实务中较少采用，一般用于预收货款、结算尾差、支付佣金、归还垫款、索赔理赔、结算样品款及交付履约保证金等。

三、托收结算方式

1.托收结算方式的概念

托收是指出口方在向进口方出口商品后，开具以买方为抬头人的汇票，委托银行向买方收取货款的结算方式。

2.托收结算方式的当事人

托收的当事人有四个：（1）收款人（出口人）；（2）托收行；（3）代收行；（4）付款

人（进口人）。这些关系人之间均为委托与代理关系，所以，托收结算方式也是以商业信

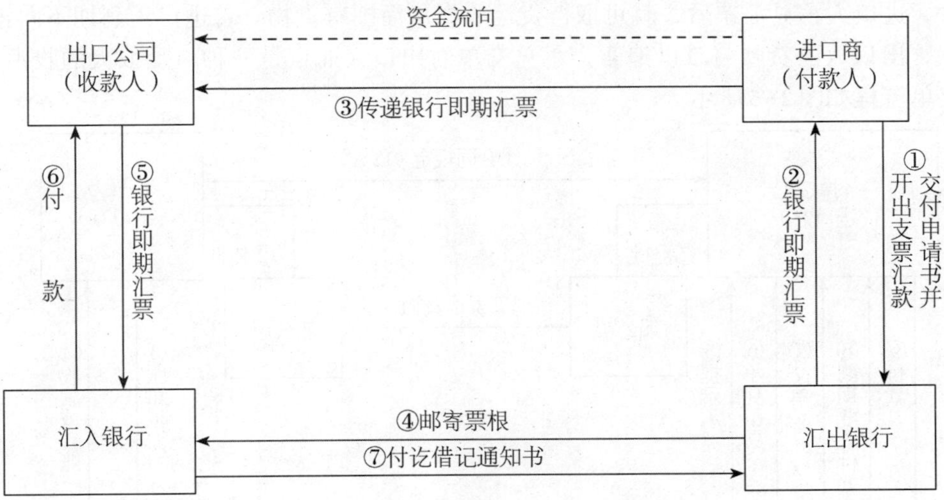

图2-3　票汇结算方式流程图

用为基础的。

3.托收结算方式的种类

根据托收所用汇票是否跟有货运单据，托收可分为光票托收和跟单托收两种。

（1）光票托收是指汇票不附有货运单据的托收，一般用来收取佣金、样品款、代垫款或其他进出口贸易中的附属费用。

（2）跟单托收是指汇票连同所附的货运单据一起交银行办理托收，跟单托收是常用的货款结算方式。根据银行向进口人交出货运单据的条件不同，跟单托收可分为付款交单和承兑交单两种。

①付款交单（简称D/P）是指银行以进口人付清进口货款作为向进口人交出货运单据的条件，这种付款条件对出口人的安全收汇较为有利。付款交单按进口人付款赎单的时间不同，又可分为即期付款交单和远期付款交单两种。付款交单流程如图2-4所示。

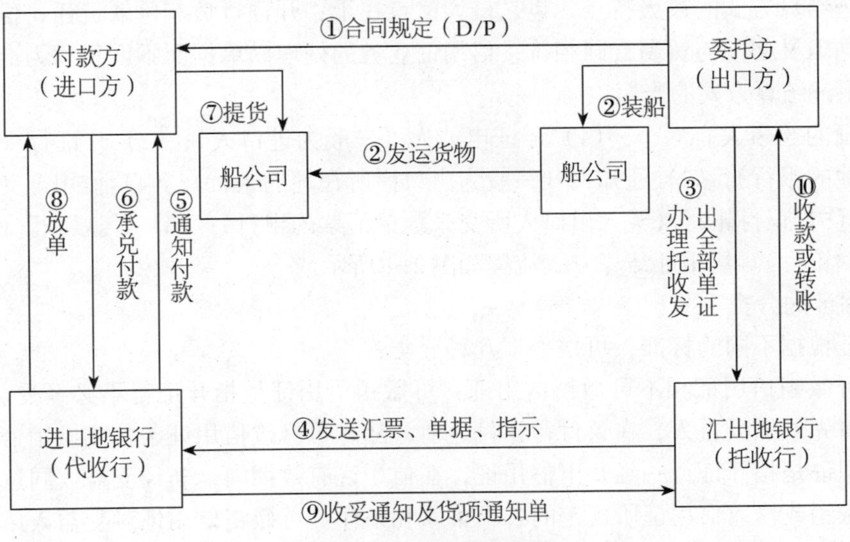

图2-4　付款交单流程图

②承兑交单（简称D/A）是指银行以进口人向银行承兑汇票作为向其交出货运单据的条件，进口人承兑汇票后，就可取得货运单据从而拥有货物。若进口人到期不向银行支付货款，出口人的货款将难以追索，承兑交单对出口人而言是一种风险很大的收汇方式。承兑交单流程如图2-5所示。

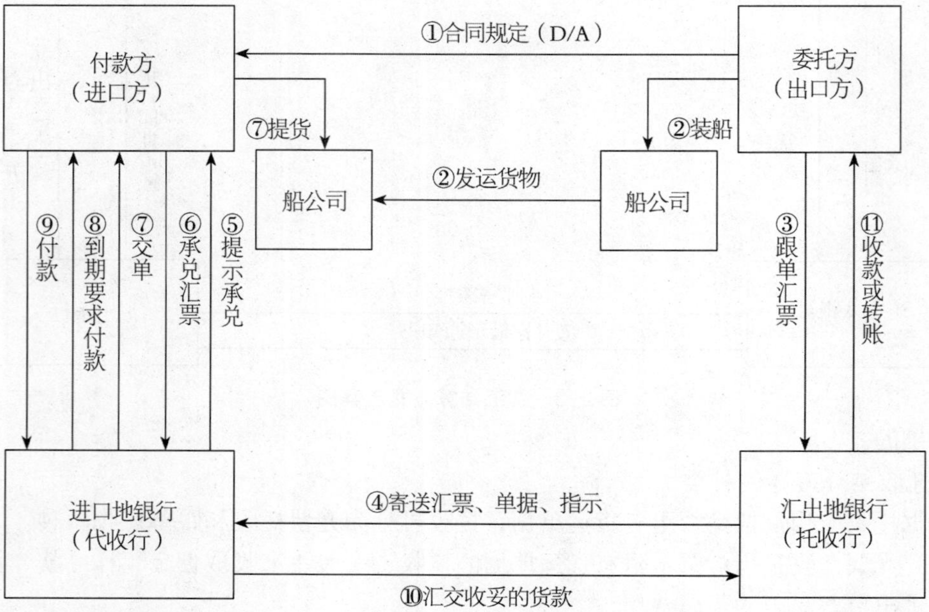

图2-5　承兑交单流程图

四、信用证结算方式

1.信用证结算方式的概念

信用证（简称L/C）是指银行应进口商的请求，对出口商开出的授权出口商签发以银行或进口商为付款人的汇票，保证于出口商交来符合信用证条款规定的汇票和出口装运单证后，必定承兑和付款的保证文件。

信用证结算方式的最大特点，也是最大优点在于：开证行负有付款责任；信用证独立于贸易合同但又必须与贸易合同相符；信用证业务的处理以单据而不以货物为准。

2.信用证结算方式的当事人

信用证的当事人有六个：（1）开证申请人（一般为进口人）；（2）开证行（一般为进口商所在地的银行）；（3）通知行（一般为出口商所在地的银行）；（4）信用证受益人（即出口人）；（5）议付银行（买入出口人所交来跟单汇票的银行）；（6）付款银行（信用证上指定的付款银行）。信用证结算方式流程如图2-6所示。

3.信用证的分类

信用证根据不同的标准，可作如下几种分类：

（1）可撤销信用证和不可撤销信用证：可撤销信用证是指开证行不必经受益人同意，也可不必事先通知受益人，在议付行议付之前，随时可修改信用证条款或撤销信用证。不可撤销信用证是指开证行一经开出信用证，在信用证有效期内，非经受益人同意，开证行不得片面撤销或修改信用证所规定的各项条款和条件。可撤销信用证对受益人风险大，故在国际贸易中很少使用。

（2）即期信用证和远期信用证：即期信用证是指开证行在收到出口方所交符合信用证

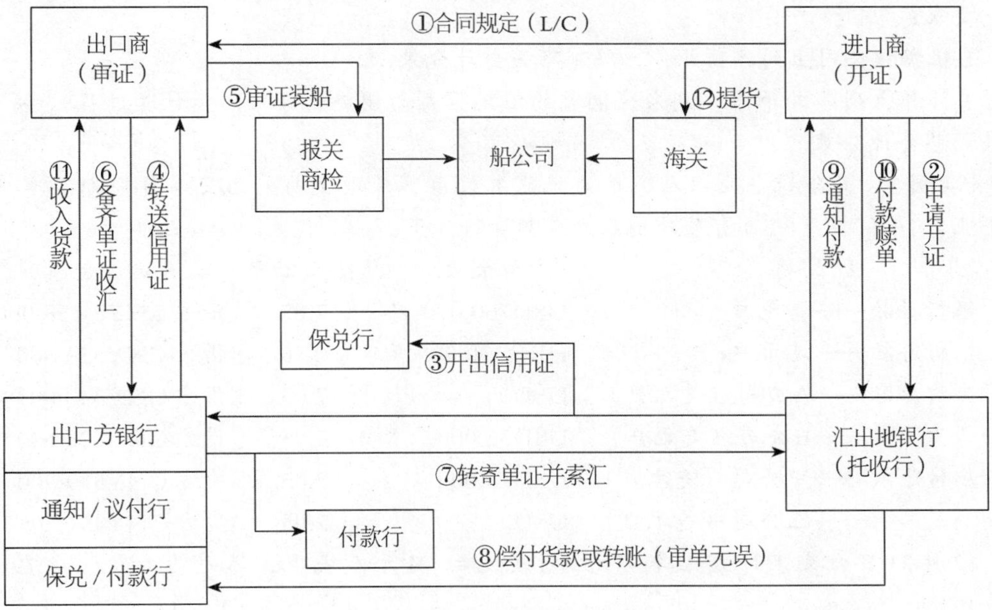

图2-6　信用证结算方式流程图

条款的出口单证和汇票后，随即履行付款义务的信用证。远期信用证是指开证行或付款行收到符合信用证条款的单据时，不立即付款，而是等到汇票到期后才履行付款义务的信用证。

（3）可转让信用证和不可转让信用证：可转让信用证是指转卖方有权指示通知行或议付行，把开具汇票的权利一次全权转让给另一个人使用。凡是在信用证中注明可转让的，就是可转让信用证；信用证中未注明可转让的，均视为不可转让信用证。我国出口业务一般要求进口方开具可转让信用证。

［上岗试一试 2］

［实训 1］某外资进出口公司为一般纳税企业，以人民币为记账本位币，外币交易采用交易日即期汇率折算。该公司 2016 年 12 月 1 日有关账户余额资料如下：

	外币余额	汇率	人民币金额
银行存款——美元户	USD910 000	6.90	CNY6 279 000
应付账款——利达公司（美元户）	USD48 000	6.90	CNY331 200

该公司年度内发生有关业务如下：

1. 根据合同规定对外出口自产甲商品一批，计 20 000 件，每件成本为人民币 195 元（不含增值税）。上列出口甲商品发票金额为每件外销价 CIF50 美元，在交单出口并结转出口商品销售成本后已收到货款。上列业务当日即期汇率均为 1 美元=6.90 元人民币。

2. 从日本进口 Y 材料 3 600 吨，每吨 CIF35 美元，当日即期汇率为 1 美元=6.83 元人民币，货款以外汇银行存款支付。

3. 以外汇银行存款偿还前欠国外利达公司货款 48 000 美元，当日即期汇率为 1 美元=6.89 元人民币。

4.12月31日，期末当日即期汇率为1美元=6.89元人民币。

要求：

1.根据该公司上列各项业务，编制有关会计分录。

2.计算上列各外币账户期末应调整的汇兑损益的调整金额（列示计算过程），并编制期末调整会计分录。

［实训2］某合资企业以人民币为记账本位币，外币交易采用交易日即期汇率折算。该企业2016年12月31日有关外币账户余额资料如下：

	外币余额	账面汇率	人民币金额
银行存款——美元户	USD760 000	7.05	借方CNY5 358 000
银行存款——港币户	HKD430 000	0.76	借方CNY326 800
应收款账——A公司（美元户）	USD0	7.05	借方CNY34 000
——B公司（美元户）	USD32 000	7.05	借方CNY225 600
应付账款——甲公司（美元户）	USD78 000	7.05	贷方CNY549 900
——乙公司（美元户）	USD0	7.05	贷方CNY451.20

12月31日，期末即期汇率美元为1美元=7.01元人民币，港元为1港元=0.79元人民币。

要求：计算上列各外币账户期末应调整的汇兑损益的调整金额（列示计算过程），并指明是收益还是损失。

［实训3］某企业期末即期汇率为1美元=6.86元人民币，期末有关外币账户余额资料如下：

	美元余额	汇率	人民币金额
银行存款	USD30 000	6.86	CNY229 500
应收账款	USD210 000	6.86	CNY1 554 000
应付账款	USD160 000	6.86	CNY1 219 200
短期借款	USD0	6.86	CNY41 000

要求：（1）计算期末有关外币账户的调整金额（列示计算过程）；

（2）编制按期末即期汇率调整的会计分录。

模块三

外经贸企业进口贸易会计核算

学习目标

熟悉进口业务的主要内容和主要流程，掌握进口业务的会计处理方法，熟练掌握自营进口业务进口成本的计算和账务处理，熟练掌握代理进口业务的成本计算和账务处理。

项目一 进口贸易

任务一 熟知进口贸易基本知识

一、进口贸易概述

进口贸易（import trade）也称进口贸易业务，是指外经贸企业以外汇在国际市场上采购商品，以满足国内生产和人民生活所需的业务。

进口业务与出口业务两者是相辅相成、相互制约的，也是外经贸企业的重要业务。随着经济的全球化，一个国家或地区不可能完全封闭式地生产与发展，尤其是在我国，仍将长期坚持“走出去，引进来”的战略方针。通过引进先进的技术、先进的生产设备、科学的管理方法以及引进国内紧缺的原材料和燃料，可以迅速提升我国的科技水平、生产能力和国际竞争力，更有利于促进我国出口业务的增长，扩大改革开放，增强综合国力；同时，通过进口国内短缺的生活资料，还可以满足人民日益增长的物质文化需求，提高人民的生活水平。

二、进口业务的分类

进口业务根据进口盈亏归属不同，可分为自营进口、代理进口、易货贸易和国家调拨进口四种类型。

1. 自营进口业务是指外经贸企业自己经营进口并自负进口盈亏的业务。

2. 代理进口业务是指外经贸企业代理国内委托单位与外商签订进口贸易合同，并负责对外履行合同的业务。对该项业务，外经贸企业不负责进口盈亏，只收取一定比例的手续费。

3. 易货贸易业务是指贸易双方把进口和出口结合起来进行商品交换并自负盈亏的

业务。

4. 国家调拨进口业务是指外经贸企业按国家下达的中央进口计划使用中央外汇进口商品，并按国家规定的拨交价格销售给国内用户，进销差价由国家予以补贴的业务。

任务二　熟悉进口贸易业务操作流程

一、进口贸易业务的基本程序

进口贸易通常包括制订进口计划、签订成交合同、履行进口合同、接货和报关、商品检验、入库、销售结算等主要环节，大体分为进口贸易前的准备工作、签订进口贸易合同、履行进口贸易合同及对内销售与结算四个业务程序。

1. 进口贸易前的准备工作

外经贸企业在进口贸易前，应根据国内市场需求情况、国际市场价格、测算汇率走势、选择开证行、调剂资金、国际市场供求关系及供应商的资信情况等，结合企业的利润预算来确定进口贸易业务。对于国家规定必须申请进口许可证的商品，外经贸企业必须按规定申请领取进口许可证，然后与国内客户签订供货合同，明确进口商品的名称、规格、质量、价格、交货日期、结算方式等内容，做到以销定进。

2. 签订进口贸易合同

外经贸企业在与国内客户签订供货合同的同时，与国外出口商通过询盘、发盘、还盘与反还盘和接受四个环节进行磋商，经反复磋商，达成一致意见，签订书面合同，并据以履行。

3. 履行进口贸易合同

合同是对买卖双方具有约束力的法律文件，进口贸易合同签订后，买卖双方必须按照合同约定严格履行合同义务，否则，违约方要承担违约责任。履行进口贸易合同的主要工作有以下几个方面：

（1）开立信用证

外经贸企业根据进口贸易合同上规定的日期，向其所在地的外汇银行申请开立信用证，信用证的内容必须与进口贸易合同的条款相一致。我国开出的信用证，一般为不可撤销的跟单信用证。

（2）催促发货，并办理相关手续

外经贸企业开立信用证后，在合同规定交货期前，应催促国外出口商及时备货，按时装船。对于以FOB价格成交的合同，应由进口方委托外贸运输公司办理租船或订舱，并及时将船名、船期等通知出口商。同时，还应办理货运保险，凡以FOB或CFR价格成交的进口合同，均由外经贸企业负责办理海运保险手续，外经贸企业在收到国外出口商的装船通知后，应立即将船名、船期、提单号、商品名称、数量、价格及装卸港及时通知保险公司办理海运保险。

（3）认真审核，付款赎单

外经贸企业在收到银行转来的国外出口商的全套单据后，应认真对照信用证的规定，进行严格的审核。只有在“单证相符、单单相符”的情况下，才能向银行办理进口结汇和付款赎单手续；如发现单证不符，应及时通知开证行全部拒付或部分拒付。

（4）海关报关，到货接运

进口商品到达港口后，应及时办理海关报关和到货接运手续，交纳各种税款、海关规费和港口费用，防止延误通关造成的港口压港、仓储等费用。

（5）商品检验和索赔

外经贸企业应及时请商检部门对进口商品进行检验，属法定商检的商品，未经检验不准销售。如发现商品数量、种类、质量、包装等与合同或信用证不符，应立即请商品检验部门出具商品检验证明书，以便在合同规定的索赔期限内，向出口商、运输公司或保险公司索赔。进口人收到货物并不等于接受货物，还需在合理的时间内检验认可。

4.对内销售与结算

外经贸企业收到运输公司船舶到港通知及全套单据后，应根据合同向国内客户开出发票办理结算。

二、进口单据的审核

在对外贸易中，贸易双方主要采用信用证的结算方式，即外经贸企业进口商品一般是凭单付款的，外经贸企业收到银行转来出口商的全套结算单据后，就要付款赎单。因此，单据的严格审核显得十分重要。

通常进口业务全套单据是指出口商提供的某笔业务所需的一切单据，可以分为基本单据和附属单据。基本单据包括商业发票、提单、保险单据、付款通知单、原产地证明等；附属单据包括装箱单、重量单、检验证明书等。

在审核单据时，首先要根据进口合同和信用证的有关条款检查单据的种类、份数是否完整；其次要审核单据的内容，审核的单据主要有发票和提单。

1.发票

发票是指出口商开给进口商的商品价格清单，是交易双方收付款的依据。审核时注意发票是否是由信用证的受益人出具的；发票的内容是否与进口贸易合同及信用证的条款内容相一致；如为分批装运，是否符合信用证的规定；有没有信用证受益人的签字；是否与其他有关的单据核对相符；货物的数量和发票上的总金额是否超过信用证规定的最大限额。

2.提单

提单是指承运单位签发的承运商品的收据，是出口商发货的证明，也是进口商提货的依据。审核时首先注意提单是否是已装船提单，若是收讫备运的提单，注意是否有承运部门加注的“已装船”字样；然后进一步核对提单上所列商品与发票所列内容是否相符，收货人名称是否与信用证相符，装货港和卸货港是否与合同及信用证的规定相符，是否提交了全套有效提单，已装船批注日期是否迟于信用证规定的装运期，是否按信用证的规定签字或背书，是否与合同及信用证的规定相符等。

项目二　自营进口贸易会计核算

任务一　掌握自营进口商品采购成本的计算

一、自营进口贸易会计核算流程

自营进口贸易（self-import trade）会计核算流程一般为：进口采购核算、存货核算、加工核算、销售核算、费用核算、税费核算、盈亏核算。无论是否经过加工，进口贸易会计核算都是从银行存款出发，形成商品，最终通过销售和货款回收回归到银行。

进口贸易会计确认以所有权的转移为准：

（1）时点确认：审单通过后，以确认付款的时点作为会计入账时间；

（2）初始成本计量：以实付货价和从属费用为准，即采用历史成本原则。

会计上，进口材料物资用“材料采购”或“在途物资”账户进行核算，用来汇集进口商品的全部成本或进价，根据进口单证和运单、保单、佣金凭证以及进口各项税费单据入账。材料物资到货后，根据进口材料物资的性质和入库单，将进口成本转入“原材料——进口材料”“库存商品——库存进口商品”或者“固定资产”“在建工程”账户。领用或销售时，再根据出库单，将成本转入相应的成本账户。

二、自营进口商品采购成本的构成

进口商品的采购成本是指商品到达目的港之前发生的各种支出，主要包括国外进价和进口税金两个部分。

1.国外进价

国外进价是指进口商品的到岸价（CIF）。如果进口业务以到岸价以外的价格成交，商品离开对方口岸后应由进口方负担的国外运费、保险费等，应计入商品的国外进价。外经贸企业收取的能够直接认定的进口商品佣金，应冲减商品的国外进价。对于难以按商品直接认定的佣金，如累计佣金，可以冲减当期销售费用。

2.进口税金

进口税金是指进口商品在进口环节应缴纳的计入进口商品成本的各种税金，主要包括海关征收的进口关税和消费税。

3.进口商品抵达我国口岸以后直至入库前的国内相关费用

进口商品抵达我国口岸以后直至入库前的国内相关费用，包括进口商品的港务费、过港费、卸船费、运输费、保险费、包装费、仓储费、运输途中的合理损耗、入库前的挑选整理费等。商品到达我国口岸后发生的费用，根据企业会计制度，能够认定到商品的支出计入成本，不能够认定到商品的支出不得计入商品的进价，而应直接计入当期销售费用。

任务二　掌握自营进口商品贸易的会计核算

一、自营进口商品购进的会计核算

1.账户设置

（1）“在途物资——进口商品采购”账户

外经贸企业在收到银行转来的全套进口单据，经审核与合同内容及信用证相符，通过银行向国外出口商承付货款时，应借记“在途物资——进口商品采购”账户，贷记“银行存款”账户；支付国内外运费、保险费、进口关税、进口消费税及进口商品抵达我国口岸以后至入库以前的所有相关费用时，应记入本账户的借方，贷记“其他货币资金——信用证保证金”或“应交税费”账户；企业收到出口商支付的佣金时，借记“银行存款”账户，贷记“在途物资——进口商品采购”账户。

（2）“库存商品——库存进口商品”账户

进口商品采购完毕并验收入库，结转其采购成本时，借记“库存商品——库存进口商品”账户，贷记“在途物资——进口商品采购”账户。

2.账务处理

①收到银行转来的全套单据，承付出口商货款时，作会计分录如下：

借：在途物资——进口商品采购

　贷：银行存款

②支付国外运费、保险费时，作会计分录如下：

借：在途物资——进口商品采购

　贷：银行存款

③收到出口商付出的按商品认定的佣金时，作会计分录如下：

借：银行存款

　贷：在途物资——进口商品采购

④计算应交进口关税、消费税时，作会计分录如下：

借：在途物资——进口商品采购

　贷：应交税费——应交进口关税

　　　　　——应交消费税

⑤缴纳进口关税、消费税、增值税及海关规费时，作会计分录如下：

借：应交税费——应交增值税（进项税额）

　　　　——应交进口关税

　　　　——应交消费税

　销售费用（海关规费）

　贷：银行存款

⑥进口商品验收入库时，作会计分录如下：

借：库存商品——库存进口商品

　贷：在途物资——进口商品采购

［实例3-1］湘江公司从国外进口甲商品6箱，箱子的尺寸为150厘米×120厘米×80厘米，每只箱子重100千克，每千克价格为FOB200美元，当日汇率美元中间价为1美元=6.50元人民币。接到进口货物结算专业发票一式四联，采用托收结算方式。另外收到相关运费单据，海运运费为每吨150美元，收费重量/体积比率为1立方米=1 000千克，投保金额为发票金额的110%，保险费率为3%。其账务处理如下：

1.货价

6×100×USD200=USD120 000

借：在途物资——进口商品采购　　USD120 000　6.50　780 000

　贷：其他货币资金——信用证保证金　　USD120 000　6.50　780 000

2.运费

根据上述资料，海运运费为每吨150美元，收费重量/体积比率为1立方米=1 000千克。所以，重量=6×100=600（千克）；1只箱子的体积=1.5×1.2×0.8=1.44（立方米），6只箱子的体积=1.44×6=8.64（立方米），即8.64立方米可以放下8 640千克的货物。

8.64×USD150=USD1 296

借：在途物资——进口商品采购　　USD1 296　6.50　8 424

贷：银行存款——美元户　　USD1 296　6.50　8 424

3.保险费

USD120 000×110%×3%=USD3 960

借：在途物资——进口商品采购　　USD3 960　6.50　25 740

贷：银行存款——美元户　　USD3 960　6.50　25 740

4.进口关税（设关税税率为15%）

进口关税是指一个国家的海关对进口货物和物品征收的关税。各国已不使用过境关税，出口税也很少使用。通常所称的关税，主要是指进口关税。征收进口关税会增加进口货物的成本，提高进口货物的市场价格，影响外国货物进口数量。因此，各国都以征收进口关税作为限制外国货物进口的一种手段。适当的使用进口关税可以保护本国工农业生产，也可以作为一种经济杠杆调节本国的生产和经济的发展。进口货物以我国口岸到岸价格（CIF）、到岸价格加佣金价格（CIFC）、到岸价格加战争险价格（CIPW）成交，经海关审定后，可直接以此实际成交价格作为完税价格。进口关税应作为商品采购成本的组成部分，其计算公式如下：

应交进口关税税额=进口商品关税完税价格×进口关税适用税率

进口商品关税完税价格=进口商品CIF价格（原币）×汇率

应交进口关税税额=（780 000+8 424+25 740）×15%=122 124.60（元）

借：在途物资——进口商品采购　　122 124.60

贷：应交税费——应交进口关税　　122 124.60

5.进口消费税（设消费税税率为30%）

消费税是价内税，是以特定消费品为课税对象所征收的一种税，属于流转税的范畴。在对货物普遍征收增值税的基础上，选择少数消费品再征收一道消费税，目的是为了调节产品结构，引导消费方向，保证国家财政收入。

消费税是指对特定货物与劳务征收的一种间接税。就其本质而言，是特种货物与劳务税，而不是特指在零售（消费）环节征收的税。消费税之“消费”，不是零售环节购买货物或劳务之“消费”。除筹集财政收入外，消费税可以根据国家产业政策和消费政策的要求，调节消费行为，促进节能环保，正确引导消费需求，间接引导投资流向，补偿部分商品和消费行为为负的外部性，缓解收入分配不公。

外经贸企业进口应税消费品的消费税由海关代征，由进口人向报关地海关申报纳税。消费税的计税办法有从价定率和从量定额两种，这两种办法的计算依据是不同的。

（1）消费税计算的依据：

①消费税从价定率计算的依据。从价定率是指根据进口消费品的组成计税价格和确定的消费税税率计算消费税税额的办法。它计算的依据有以下两项：

A.组成计税价格：进口商品以关税完税价格，加上关税税额，除以1减去消费税税率后的商数，作为进口商品消费税的组成计税价格。

B.消费税税率：进口商品按不同的税目或子目确定消费税税率，税率为1%～56%。

②消费税从量定额计算的依据。从量定额是指根据进口消费品的数量和确定的单位税额计算消费税税额的办法。采用这种办法计算的依据是海关核定的应税消费品的进口征税数量和税法规定的单位税额。

在应税消费品中，除黄酒、啤酒、汽油、柴油四种产品实行从量定额的计税办法外，其他产品均实行从价定率的计税办法。

（2）消费税的计算：

进口商品消费税税额主要采用从价定率的计税办法计算。进口商品的消费税税额应列入商品采购成本，其计算公式如下：

应交消费税税额=组成计税价格×消费税税率

组成计税价格=（关税完税价格（海关核定的进口商品的CIF价格）+关税税额）/（1-消费税税率）

应交消费税税额=（780 000+8 424+25 740+122 124.60）÷（1-30%）×30%

=401 266.54（元）

借：在途物资——进口商品采购　401 266.54

　贷：应交税费——应交消费税　401 266.54

6.进口增值税（增值税不计入成本，无须作账务处理）

应交增值税税额=（780 000+8 424+25 740+122 124.60+401 266.54）×17%

=227 384.37（元）

实际缴纳相关税金时：

借：应交税费——应交增值税（进项税额）　227 384.37

——应交进口关税　122 124.60

——应交消费税　401 266.54

　贷：银行存款——人民币户　750 775.51

7.佣金（设佣金率为1%）

佣金是指经纪人、中间人说合介绍生意所取得的酬金，又称牙佣、中佣、行佣。在商品交易必须通过中间人的情况下，佣金是一种带有强制性的中间剥削。佣金大多由卖方付给，也有由买卖双方分别付给的。所付佣金的数额依商品的性质和货值多少而定。进出口贸易支付或收取佣金是约定俗成的，形成了惯例。佣金的比率一般不能超过CIF价格的5%。

佣金=（780 000+8 424+25 740）×1%=8 141.64（元）

借：银行存款——美元户　8 141.64

　贷：在途物资——进口商品采购　8 141.64

8.采购成本（入库）

甲商品成本=780 000+8 424+25 740+122 124.60+401 266.54-8 141.64

=1 329 413.50（元）

借：库存商品——库存进口商品　1 329 413.50

　贷：在途物资——进口商品采购　1 329 413.50

二、自营进口商品销售的会计核算

1.账户设置

（1）“主营业务收入——自营进口销售收入”账户

该账户用来核算外经贸企业以自营方式进口商品的销售收入。企业确认收入实现时，贷记“主营业务收入——自营进口销售收入”账户；进口商品发生退货时，应退还的货款或因数量短缺、品质不符等原因而向国内客户支付的理赔款，冲减销售收入，以“红字”

记入“主营业务收入——自营进口销售收入”账户的贷方。

（2）“主营业务成本——自营进口销售成本”账户

结转销售成本时，借记“主营业务成本——自营进口销售成本”账户；进口商品发生退货时，收到出口商的退款或因进口商品数量短缺、品质不符等原因而收取国外出口商的理赔款，冲减销售成本，以“红字”记入“主营业务成本——自营进口销售成本”账户的借方。

2.账务处理

外经贸企业自营的进口商品应以开出进口结算凭证向国内客户办理货款结算的时间作为商品销售收入确认的时间。进口商品的结算时间有单到结算、货到结算和出库结算三种，具体结算时间由外经贸企业与国内客户协商确定。

（1）单到结算的账务处理

单到结算是指外经贸企业不论进口商品是否到达我国港口，只要收到银行转来的国外全套结算单据，经审核符合合同规定，即向国内客户办理货款结算，以确认销售收入的实现。

由于商品没有入库就已经销售，因此可以将归集的商品采购成本直接从“在途物资——进口商品采购”账户转入“主营业务成本——自营进口销售成本”账户。但需要注意的是，进口商品采购成本归集有一个过程，只有在商品采购成本归集完毕后才能结转商品销售成本。

①收到银行转来的国外全套结算单据，经审核无误，作会计分录如下：

借：在途物资——进口商品采购

　贷：银行存款或其他货币资金——信用证保证金

同时：

借：应收账款——××国内客户或银行存款——人民币户

　贷：主营业务收入——自营进口销售收入

　　　应交税费——应交增值税（销项税额）

②购汇支付国外运费与保险费，作会计分录如下：

借：在途物资——进口商品采购

　贷：银行存款——人民币户

③货到口岸，计算应交关税税额、消费税税额、增值税税额，作会计分录如下：

借：在途物资——进口商品采购

　贷：应交税费——应交进口关税

　　　　　　——应交消费税

④支付税金，作会计分录如下：

借：应交税费——应交进口关税

　　　　　——应交消费税

　　　　　——应交增值税（进项税额）

　贷：银行存款——人民币户

⑤结转进口采购成本，作会计分录如下：

借：主营业务成本——自营进口销售成本

贷：在途物资——进口商品采购

[实例3-2] 某进出口公司根据进口贸易合同进口甲商品一批，国外成交价40 000美元，国外运费1 000美元，保险费200美元。汇率美元中间价为1美元=6.30元人民币，采用单到结算方式销售给国内A公司，销售价为520 000元人民币。其账务处理如下：

1.收到银行转来的国外全套结算单据，经审核无误，作会计分录如下：

借：在途物资——进口商品采购（甲商品）

USD40 000　6.30　252 000

贷：银行存款——美元户　USD40 000　6.30　252 000

同时，向国内A公司开出结算单据办理货款结算，内销货款520 000元，增值税税额88 400元，共计608 400元，作会计分录如下：

借：应收账款——A公司　608 400

贷：主营业务收入——自营进口销售收入（甲商品）　520 000

应交税费——应交增值税（销项税额）　88 400

2.支付国外运费与保险费，作会计分录如下：

借：在途物资——进口商品采购（甲商品）　USD1 200　6.30　7 560

贷：银行存款——美元户　USD1 200　6.30　7 560

3.货到口岸，应交关税税额33 200元，应交增值税税额62 084元，作会计分录如下：

借：在途物资——进口商品采购（甲商品）　33 200

贷：应交税费——应交进口关税　33 200

4.支付税金，作会计分录如下：

借：应交税费——应交进口关税　33 200

——应交增值税（进项税额）　62 084

贷：银行存款——人民币户　95 284

5.结转进口采购成本，作会计分录如下：

借：主营业务成本——自营进口销售成本（甲商品）　292 760

贷：在途物资——进口商品采购（甲商品）　292 760

（2）货到结算的账务处理

货到结算是指外经贸企业收到运输公司进口商品已到达我国港口的通知后，即向国内客户办理货款结算，以确认销售收入的实现。

在进口商品到达我国港口时，其商品采购成本的归集已经完毕，因此在与国内客户办理货款结算的同时，应办理销售成本的结转。

①接到运输公司的货到口岸通知时，与国内客户办理销售结算，作会计分录如下：

借：应收账款——××国内客户或银行存款——人民币户

贷：主营业务收入——自营进口销售收入

应交税费——应交增值税（销项税额）

②结转销售成本，包括国外进价、运保费和相关税费，作会计分录如下：

借：主营业务成本——自营进口销售成本

贷：在途物资——进口商品采购

[实例3-3] 仍以 [实例3-2] 为例，商品购进的核算同单到结算的账务处理（略）。

①接到运输公司的货到口岸通知时，与国内客户办理销售结算，作会计分录如下：

借：应收账款——A公司　608 400

　贷：主营业务收入——自营进口销售收入（甲商品）　520 000

　　应交税费——应交增值税（销项税额）　88 400

②结转销售成本，作会计分录如下：

借：主营业务成本——自营进口销售成本（甲商品）　292 760

　贷：在途物资——进口商品采购（甲商品）　292 760

(3) 出库结算的账务处理

出库结算是指外经贸企业的进口商品到货后，先验收入库，出库销售时，根据销售发票办理结算，以确定销售收入的实现。

在出库结算情况下，进口商品采购成本的归集已经完毕，并已转入“库存商品”账户，因此在与国内客户办理货款结算的同时，应办理销售成本的结转。

①接到进口商品出库单时，开出商品销售结算单，与国内客户办理销售结算，作会计分录如下：

借：应收账款——××国内客户或银行存款——人民币户

　贷：主营业务收入——自营进口销售收入

　　应交税费——应交增值税（销项税额）

②结转销售成本，包括国外进价、运保费和相关税费，作会计分录如下：

借：主营业务成本——自营进口销售成本

　贷：库存商品——库存进口商品

[实例3-4] 仍以 [实例3-2] 为例，商品购进的核算同单到结算的账务处理（略）。

①接到进口商品出库单时，开出商品销售结算单，与国内客户办理销售结算，作会计分录如下：

借：应收账款——A公司　608 400

　贷：主营业务收入——自营进口销售收入（甲商品）　520 000

　　应交税费——应交增值税（销项税额）　88 400

②结转销售成本，作会计分录如下：

借：主营业务成本——自营进口销售成本（甲商品）　292 760

　贷：库存商品——库存进口商品（甲商品）　292 760

三、自营进口业务盈亏的会计核算

在实际工作中，对进口商品国内销售的盈亏，通常采用下列公式计算：

进口商品国内销售盈亏金额=销售收入净额-销售成本

[实例3-5] 仍以 [实例3-2] 为例，计算进口商品国内销售盈亏金额如下：

进口商品国内销售盈亏金额=销售收入净额-销售成本=520 000-292 760=227 240（元）

项目三　代理进口贸易会计核算

任务一　熟知代理进口贸易基本知识

一、代理进口贸易

代理进口贸易（acting export trade）是指外经贸企业接受国内订货部门的委托，用委托单位的外汇进口商品，并收取一定手续费的进口业务。它属于代理性质的业务，外经贸企业代理进口时，不垫付资金，不承担盈亏，进口环节所发生的税金及其他费用，均由委托单位承担。

在代理进口贸易业务中，委托人必须预付采购进口商品的资金，除代理进口协议另有约定外，代理进口发生的所有费用支出一般都由委托方承担，会计在核算时通常直接冲减委托方预付的进口保证金。

二、代理进口贸易业务的特点

代理进口贸易业务会计核算的最大特点是代理企业处于中介服务地位，纯粹是接受其他企业委托，以订立代理合同形式进口。代理方应负责对外洽谈价格条款、技术条款、交货日期及签订合同并办理运输、开证、付汇等全过程；如仅负责对外成交，不负责开证、付款业务，均不属于代理进口。对受托方而言，有以下几个要点：

1.不垫付资金，只是用委托方资金进口商品物资，以原价转让给委托方，一般由委托方单位先预付人民币资金，待代理过程全部结束后由代理方开列“代理进口物资结算单”，再进行最后的结算。

2.代理进口所发生的费用，一般由委托方负担境内外直接费用，包括海外运输费、保险费、银行手续费、代理手续费，由受托方承担间接费用，包括开证费、电信费等。

3.以所收取的手续费作为代理开支和盈利，一般手续费在1%～3%左右，一般按照CIF价格计算，但目前远远低于这个比例。

4.不承担盈亏责任，外方付来的佣金、索赔全部退给委托方。

5.代理进口所需要的外汇原则上由委托方解决，如需受托方代为购汇的，则手续费由委托方负担。

任务二　掌握代理进口贸易的会计核算

一、代理进口贸易的会计核算

1.账户设置

（1）“预收账款——预收外汇账款”账户

外经贸企业在收到委托单位的预付货款时，借记“银行存款”账户，贷记“预收账款——预收外汇账款”账户；收到银行转来的国外全套结算单据，将其与信用证或合同条款核对无误后，通过银行向国外出口商承付款项时，借记“预收账款——预收外汇账款”账户，贷记“银行存款”账户。

（2）“其他业务收入——代理进口业务收入”账户

外经贸企业业务部门根据代理进口商品到岸价（CIF）的一定比例开具收取代理手续费的发票，财会部门根据业务部门转来的发票确认代理进口业务销售收入的实现，借记

“预收账款——预收外汇账款”账户，贷记“其他业务收入——代理进口业务收入”账户。该账户是损益类账户，用来核算企业除自营业务收入以外的代理业务收入。

（3）“应交税费——应交增值税”账户

月末转出未交增值税时，借记本账户，贷记“应交税费——未交增值税”账户；次月缴税时，借记“应交税费——未交增值税”账户，贷记“银行存款”账户。

2.账务处理

代理进口贸易业务一般采用应收、应付处理。在代理进口贸易业务中，各种费用的计算比较专业，尤其是运费、保险费的计算。外经贸企业在收到银行转来的国外全套结算单据，经审核与合同、信用证无误后，确认代理进口商品的销售收入。

（1）接到进口单证，向外支付代理进口价款时，作会计分录如下：

借：应收账款（预收账款、应付账款）

　贷：银行存款

（2）支付代理进口运输费时，作会计分录如下：

借：应收账款（预收账款、应付账款）

　贷：银行存款

（3）支付代理进口保险费时，作会计分录如下：

借：应收账款（预收账款、应付账款）

　贷：银行存款

（4）支付代理进口关税时，作会计分录如下：

借：应收账款（预收账款、应付账款）

　贷：应交税费——应交进口关税

借：应交税费——应交进口关税

　贷：银行存款

（5）支付代理进口消费税时，作会计分录如下：

借：应收账款（预收账款、应付账款）

　贷：应交税费——应交消费税

借：应交税费——应交消费税

　贷：银行存款

（6）支付代理进口增值税时，作会计分录如下：

借：应收账款（预收账款、应付账款）

　贷：银行存款

（7）应由受托方支付银行手续费时，作会计分录如下：

借：财务费用

　贷：银行存款

（8）收取代理手续费时，作会计分录如下：

借：应收账款（预收账款、应付账款）

　贷：其他业务收入——代理进口业务收入

　　　应交税费——应交增值税（销项税额）

（9）月末转出未交增值税时，作会计分录如下：

借：应交税费——应交增值税——转出未交增值税

贷：应交税费——未交增值税

（10）下月缴税时，作会计分录如下：

借：应交税费——未交增值税

贷：银行存款

［实例3-6］湘江进出口公司代理A公司从国外进口甲商品6箱，箱子的尺寸为150厘米×120厘米×80厘米，每只箱子重100千克，每千克价格为200美元，当日汇率美元中间价为1美元=6.50元人民币。接到进口货物结算专业发票一式四联，采用托收结算方式。另外收到相关运费单据，海运运费为每吨150美元，收费重量/体积比率为1立方米=1 000千克，投保金额为发票金额的110%，保险费率为3%。其账务处理如下：

1.货价

6×100×USD200=USD120 000

借：应收账款——A公司　USD120 000　6.50　780 000

贷：银行存款——美元户　USD120 000　6.50　780 000

2.运费

8.64×USD150=USD1 296

借：应收账款——A公司　USD1 296　6.50　8 424

贷：银行存款——美元户　USD1 296　6.50　8 424

3.保险费

USD120 000×110%×3%=USD3 960

借：应收账款——A公司　USD3 960　6.50　25 740

贷：银行存款——美元户　USD3 960　6.50　25 740

4.进口关税（设关税税率为15%）

进口关税税额=（780 000+8 424+25 740）×15%=122 124.60（元）

借：应收账款——A公司　122 124.60

贷：银行存款——人民币户　122 124.60

5.进口消费税（设消费税税率为30%）

消费税税额=（780 000+8 424+25 740+122 124.60）÷（1-30%）×30%

=401 266.54（元）

借：应收账款——A公司　401 266.54

贷：银行存款——人民币户　401 266.54

6.进口增值税

增值税税额=（780 000+8 424+25 740+122 124.60+401 266.54）×17%

=227 384.37（元）

借：应收账款——A公司　227 384.37

贷：银行存款——人民币户　227 384.37

7.银行手续费（设银行手续费率为0.5%）

银行手续费=780 000×0.5%=3 900（元）

借：财务费用　3 900

　　贷：银行存款——人民币户　　3 900

8.代理手续费（设代理手续费率为1.5%）

代理手续费=（780 000+8 424+25 740）×1.5%=12 212.46（元）

借：应收账款——A公司　　12 212.46

　　贷：其他业务收入——代理进口业务收入　　11 630.91

　　　　应交税费——应交增值税（销项税额）　　581.55

注：实行"营改增"后，根据所收的代理进口业务收入金额征收5%的增值税。

9.月末转出未交增值税

借：应交税费——应交增值税——转出未交增值税　　581.55

　　贷：应交税费——未交增值税　　581.55

10.下月缴税

借：应交税费——未交增值税　　581.55

　　贷：银行存款——人民币户　　581.55

11.代理业务应收回款项

应收账款=780 000+8 424+25 740+122 124.60+401 266.54+227 384.37+3 900+12 212.46
=1 581 051.97（元）

借：银行存款　　1 581 051.97

　　贷：应收账款——A公司　　1 581 051.97

表3-1

××进出口公司代理进口物资结算单

年　　月　　日　　　　编号：

品名：　　进口合同号：　　数量：

进口国：　　到达口岸：　　单价：

折合汇率：　　船名：　　总价：

结算项目	金额	备注
货价		
运费		
保险费		
进口关税		
进口增值税		
银行手续费		
佣金		
垫付利息		
代理费		
合计		

[上岗试一试3]

[实训1] 某外经贸公司的记账本位币为人民币，外币交易采用交易日的即期汇率折

算。该公司代理本市A工厂从美国进口通信器材一批，价格条件为FOB上海25 000美元，按3%收取代理手续费，当日开出结算清单如下：

代理进口结算单

结算项目	外币金额（美元）	汇率	人民币金额（元）
1.进口货款	25 000	6.56	164 000
2.国外运费	3 000	6.56	19 680
3.国外保险费	2 000	6.56	13 120
4.进口到岸价	30 000	6.56	196 800
5.进口关税			16 750
6.银行手续费			405
7.代理手续费（3%）			5 904
8.进口增值税			36 303.50
合计			256 162.50

要求：根据上列结算单编制下列会计分录：

（1）支付国外货款同时寄出结算单，向委托方收款；

（2）支付国外运保费；

（3）收到委托方汇来货款；

（4）支付银行手续费；

（5）缴纳进口关税与增值税；

（6）收取代理手续费，并根据所收的手续费按5%缴纳增值税（本月缴纳）。

[实训2] 某外经贸公司的记账本位币为人民币，外币交易采用交易日的即期汇率折算。该公司向德国自营进口轴承10 000只，价格条款为FOB汉堡每只4美元，到达口岸后支付国外运费10 640美元，国外保险费1 000美元，进口关税57 800元，海关代征增值税税率17%，国内运杂费2 000元，银行财务费用4 560元。

（1）收到银行转来的国外全套单据，经审核无误后，通知银行承付货款（当日即期汇率为1美元=6.50元人民币）；

（2）向代理公司支付国外运费（当日即期汇率为1美元=6.50元人民币）；

（3）向保险公司支付国外保险费（当日即期汇率为1美元=6.50元人民币）；

（4）以银行存款支付进口关税；

（5）以银行存款支付进口增值税；

（6）以银行存款支付银行财务费用；

（7）以银行存款支付国内运杂费；

（8）进口商品验收入库，按实际采购成本入账。

要求：根据上述资料，编制该公司自营进口业务的会计分录。

[实训3] A外经贸公司为一般纳税企业，选择确定的记账本位币为人民币，外币交易采用交易日即期汇率折算。该公司委托B公司代理从德国进口甲商品20箱，箱子的尺寸

为120厘米×120厘米×80厘米，每只重75千克，进口价每千克FOB270美元，当日即期汇率为1美元=6.99元人民币。今接到进口货物结算专用发票一式四联，货款当即付出。假设海运运费率为W/M每吨运费104美元，收费重量/体积比率为1立方米=1 000千克，投保金额为发票金额的110%，保险费率为2.7%，进口关税税率为12%，增值税税率为17%，银行手续费率为5‰，B公司代理手续费率为1.2%（上列相关业务当日即期汇率均为1美元=6.99元人民币）。

要求：根据上述资料，编制委托方（A公司）与受托方（B公司）双方必要的会计分录。

［实训4］B进出口公司受理永安公司代理进口法国香水业务：

（1）收到永安公司预付的进口香水款1 225 108元，存入银行；

（2）购汇支付法国香水的国外运费1 424美元，当日汇率为1美元=6.50元人民币；

（3）购汇支付法国香水的国外保险费176美元，当日汇率为1美元=6.50元人民币；

（4）收到银行转来的法国香水公司全套结算单据，开列香水200箱，每箱FOB价格400美元，共计货款80 000美元，佣金1 600美元，审核无误后支付货款，当日汇率为1美元=6.50元人民币；

（5）按进口香水货款CIF价格的2.5%收取代理手续费2 000美元，当日汇率为1美元=6.46元人民币；

（6）法国香水到达我国口岸后，向海关申报进口关税148 680元，消费税346 920元，增值税196 588元。

要求：根据上述资料，编制B公司代理进口业务的会计分录。

模块四

外经贸企业出口贸易会计核算

学习目标

熟知出口贸易基本知识，熟悉外经贸企业出口贸易业务的种类及其特点，熟知并掌握外经贸企业出口贸易业务的会计处理流程、原则和方法，重点掌握自营出口销售的会计核算和代理出口销售的会计核算，特别是有佣金支付条件下出口销售的会计处理。

项目一 出口贸易

任务一 熟知出口贸易基本知识

出口贸易（export trade）是指外经贸企业组织工农业产品在国际市场上销售、取得外汇的业务。一个国家的出口贸易与进口贸易是相辅相成的，出口贸易业务在对外贸易中处于主导地位，没有出口，也就没有进口，出口是外经贸企业创汇的主要渠道，商品出口收汇是我国外汇收入的主要来源。出口创汇有利于增加外汇收入，换回国外先进的技术和设备，对促进国内经济与技术的改革和发展，提高人民生活水平，促进我国现代化建设具有重要意义。另外，出口贸易大于进口贸易，外汇收支表现为顺差，构成了外汇储备的来源，它标志着一个国家的支付能力和经济实力。因此，外经贸企业应积极组织出口货源，扩大出口业务，不断降低出口成本，增加外汇收入，以充分发挥出口贸易业务在对外贸易中的积极作用。

任务二 熟知出口贸易主要类型

出口贸易按其贸易方式不同，一般可分为自营出口、代理出口、加工补偿出口、援外出口等四大类。

1. 自营出口

自营出口是指出口企业自行经营的商品出口业务，即企业自筹资金、自备出口货源、自负出口盈亏的出口业务，是外经贸企业的主营业务，也是外经贸出口企业利润的主要来源。

2.代理出口

代理出口是指具有进出口经营权的企业接受国内有关企业的委托，代为办理对外销售、发运、制单、交单、结汇等工作，受托方不承担出口商品的销售盈亏，但向委托方收取手续费的业务。

3.加工补偿出口

加工补偿出口是指来料加工、来件装配和中小型补偿贸易的总称。来料加工、来件装配是指由外商提供原材料、零部件、元器件等，由我方按外方的要求进行加工或装配，完工后，成品交付外商，我方收取其外汇工缴费。中小型补偿贸易是指国家重点大型补偿项目以外的一般轻纺产品、机电产品、地方中小型矿产品和某些农副产品的补偿贸易，由外商提供技术、设备，我方以生产的产品分期偿还设备款。加工、装配业务也可同时由外商提供某些设备，我方以收取的工缴费来抵偿设备款。

4.援外出口

援外出口是指上级有关部门根据我国与受援国政府之间签订的协定或协议，逐级下达给进出口企业执行的出口任务。

任务三　熟悉出口贸易基本流程

通常外经贸企业的出口贸易业务流程一般包括以下主要环节：

一、出口贸易前的准备及寻找国外客户

外经贸企业为了促使出口贸易得以顺利进行，事先应进行相应调查研究，充分了解国外市场情况，包括了解进口商所在国的自然条件、进出口贸易的规模、外贸政策、贸易管制状况、外汇政策、关税措施、贸易惯例、运输条件及人文信仰情况等，了解进口商或消费者对我国出口商品在品质、规格、包装等方面的反映和意见，研究国外市场供求关系和市场价格的变化情况以及近期外汇兑换人民币汇率的走势，了解进口商的资信情况、经营范围和经营能力等，确认欲出口商品是否属许可证或配额管理商品、是否在自己经营范围之内、是否属国家法定商检范畴，了解国内供货厂家的资信状况以及生产能力、产品品质保证、资金面如何保证等。

外经贸出口企业寻找国外客户的途径可以通过参加各种商品交易会、展览会、博览会、商业网络等不同方式与外商取得联系、推销商品、签订出口合同，或通过互联网寻找到国外客户后组织对外成交。在开展出口贸易业务时，既要巩固老客户和老市场，又要积极拓展新客户和新市场。

二、出口贸易的谈判

在确定出口贸易对象后，应进行磋商。一笔交易的磋商过程通常分为询盘、发盘、还盘与反还盘、接受四个环节。

1.询盘，又称询价，是指交易的一方要购买或出售某种商品，而向另一方发出探询买卖该种商品有关交易条件的表示。其内容通常包括商品的品种、规格、性能、价格条件、交货日期和付款条件等。

2.发盘，又称报价，是指发盘人向受盘人提出一定的交易条件，并愿意按照这些条件成交订约的表示。

3.还盘与反还盘，还盘又称还价，是指受盘人对发盘内容提出不同意见，或要求修改

某些条件的表示；反还盘，是指发盘人对还盘人再提出新的意见的表示。一笔交易往往要经过多次的还盘和反还盘的过程才能成立。

4.接受，是指受盘人在发盘的有效期内无条件地同意发盘人所提出的交易条件，愿意订立贸易合同的表示。

三、外经贸企业与进口商在磋商成功的基础上签订贸易合同

贸易合同是指贸易双方通过磋商就某一项具体业务确定各方权利和义务，并取得意见一致的书面协议。贸易合同通常由出口商填制，经双方核对无误签字后，各执正本一份，据以执行。

四、组织出口贸易货源

外经贸企业应根据出口贸易合同或信用证的相关规定准备好出口商品。实际出口商品的品种、质量、数量、包装以及交货日期、交货地点等都必须与外销合同相符，以免遭受买方的拒收或索赔。需要由商检局检测的商品，则应提前申请检验，以取得由商检局填发的商检证书。

五、催证及通知派船

企业在抓紧做好出口商品备货工作的同时，若合同规定付款方式为信用证，则应及时通知进口方开出信用证。外经贸企业如未按时收到信用证，应及时催证，并对收到的信用证进行仔细审查，如来证有不妥之处，应立即电请对方修改，信用证中所有条款宜简单、具有可操作性，不应受理有限制性软条款的信用证。信用证经审查或经对方修改无误后，如合同规定运输由进口方负责，应及时通知进口方派船（车）接运。

六、办理托运手续和投保

在审核来证与合同一致、货证齐全的情况下，或者在接到进口方派船（车）通知后，应及时备齐全套出口单据，向运输公司办理托运手续。同时，若合同中规定由出口方负责投保的，应及时向保险公司办理投保，并向海关申报出口。海关放行后，出口商品才能装船出运，保证按时、按质、按量对外履行合同。

七、交单结汇

在装船（车）前，一般可将有关出口单证先送交银行预审，在办妥装运手续并取得正本提单或运单后，应立即将全套出口收汇单证交由银行审单议付，并及时按合同规定办妥装船通知及寄单手续。

八、妥善处理索赔理赔

如进口商在收到出口商品后，发现与合同规定不符提出索赔时，应根据客户提供的合法有效证明，按照合同有关条款的规定，认真核实处理。凡不属于出口方责任范围或不符合合同规定的索赔，应据理拒绝并说明依据；如应由国内供货单位负责的，应及时与供货单位联系以协商解决。如果进口商未能按照合同规定履约，并造成出口方经济损失的，出口方应立即向对方提出索赔，以挽回损失。

九、申报出口退税

出口退税是指国家部分或全部退还出口企业购进出口商品时所支付的增值税进项税额及消费税税额。

出口企业应按月根据上月自营出口销售账填制出口货物退（免）税申报表，连同上月出口销售收入明细账副本、购进出口商品时的增值税专用发票（退消费税者应提供工厂开具并经税务机关和银行（国库）签章的出口货物消费税专用缴款书）、盖有海关放行章的出口货物报关单（出口退税专用）以及出口收汇核销单，报主管出口退税的税务机关申请办理出口商品的退税手续（银行出口收汇水单副本应另外按月装订成册，以备税务机关核查）。

财务经理提示

出口贸易管理中需要注意的要点如下：

1.业务部门应根据对外订立的出口合同，及时、准确地向财务部门提交出口业务计划单。该计划单应包含如下内容：出口国家及客户名称、出口商品名称、数量、规格、包装、交货日期、结算方式、计划收款金额、产品经销价格、出口运费、保险费、佣金、其他费用及供货方名称、购进单价、总价、是否一般纳税人及相关税务信息、国内各流通环节费用、交货地点、出口利润、换汇成本等。

2.在发运货物时，须先开具发货单，经相关部门对价格和收款情况进行审核签字后，方能提请发货。收款情况审核确认原则如下：（1）汇付方式：如电汇T/T，必须收款后发货。（2）信用证方式：收到通知行交来的信用证，并经业务部门对信用证内容进行审核确认后发货。（3）托收方式：如付款交单D/P，必须经财务部门、业务部门负责人或单位负责人签字认可后发货。

3.一般贸易出口的商品包括直接出口、转口出口、托售出口、进料加工复出口以及样展品出口，均在“主营业务收入——自营出口销售收入”科目下按商品分户进行明细核算。外经贸企业应加强对国外费用支出的审核，特别是要防止对“离岸价”成交的出口商品错付国外运保费。

4.对自营出口销售业务的核算，必须保证出口发票所列批次、品种、规格、数量等与实际发出商品完全相符。

5.为正确核算出口销售业务，对已托运或装船因故退关的商品以及交单后发现问题遭银行退单的商品，储运部门必须负责采取措施追回，并办理商品的退库手续，及时将入库单转财会部门，以便冲转出口销售账。财会部门对待运出口商品应按月进行检查，发现已出仓待运超过1个月以上的商品，应及时抄列清单交由储运或业务部门复查。

6.已装运出口的商品因故必须退回国内，业务部门应及时联系储运、财会部门，落实退回商品的运输及货款的处理情况，并应在取得退回商品的运单后开妥入库通知单，随附应冲转的原发票（复印件），交财会部门据以冲转出口销售账。有关退回商品的运杂费、保险费等费用，连同出口时支付的国外费用包括已支付的佣金，如属责任事故的，应经企业领导批准后，以冲减“主营业务收入——自营出口销售收入”科目处理；如应由供货单位负责的，应责令赔偿或支付；如系国外客户的责任，其退回商品的运费应由对方负担，若我方已支付，应在退回货款时予以扣回。财会部门对退回的商品，只有在弄清原出口货款确已全部收妥的情况下，才能对外支付以上款项。

7.对国外提出的索赔应分清责任情况，如属责任事故的，应经企业领导批准后，以冲销“主营业务收入——自营出口销售收入”科目处理。

8.委托国外有关单位代销的商品，必须事先订妥托售合约，明确规定代销商品的品种、规格及数量、商品运输及交接手续、最高寄存数量、保管及保险的责任、各项费用的负担、代销方式及价格、货款结算办法、手续费率和支付办法以及其他双方应明确的责任等，并应按规定寄送代销报表，必要时应由对方提供一定的担保。在未订妥合约前，应严防先发货的现象，以免造成不应有的损失。财会部门必须凭代销单位寄来的销售报表及所附原始凭证转出口销售，不得将发出商品直接作销售处理。

9.关于出口销售收入及成本明细分类账的设置，应考虑能适应业务核算、正确反映盈亏和加强财务分析的需要。对“主营业务收入——自营出口销售收入”及“主营业务成本——自营出口销售成本”会计科目下设子目，可按出口商品品名设置，并采用平列式记账方法，以便同时反映各批次出口商品的销售收入及销售成本，防止重转、漏转成本和重付、漏付国外费用，有利于汇总核算和编制出口主要商品成本及盈亏表，以达到加强管理的目的。

10.为加强销售盈亏的分析，外经贸企业可根据需要另设明细账进行分批次核算。除反映出口商品的数量、单价、销售收入及成本等内容外，还应反映发票及合同号码、商品的品种及规格、价格条件、出口地区、原币金额以及支付国外运费、保险费及佣金等内容。

项目二　自营出口销售会计核算

任务一　熟知自营出口销售基本知识

自营出口（self-support export）是指外经贸企业自己经营的出口销售业务。自营有两个要件：一是自负盈亏；二是自办业务。它的销售收入归出口企业所有，并享受国家出口退税政策，在市场经济下，外经贸企业一般多采用以销定产的商品销售策略。出口商品进货价和出口业务有关的国内外一切费用，以及佣金、索赔、理赔、罚款等均由出口企业自己负担，经营的盈亏也归属出口企业并纳入其总损益额。

按照上述原则，凡出口企业以贸易方式对境外自营出口或转口销售的商品、进口原材料经加工复出口后的商品或出售出国展品、样品、小卖品，以及批准供应境内销售（外轮和远洋国轮、自贸中心等）收取以外汇（或部分跨境贸易的人民币）计价支付的商品等所有经营业务，都属于自营出口销售业务范畴。

任务二　熟知自营出口销售会计账户的设置与核算内容

外经贸企业的自营出口销售核算，不仅要求全面反映出口销售过程中的经营成果，还要求具体反映不同商品的销售收入、销售成本及其盈亏的明细情况。为此，外经贸企业应按照会计制度的规定设置“主营业务收入”和“主营业务成本”账户，再在该账户之下分别设置“自营出口销售收入”和“自营出口销售成本”两个二级账户。为了加强对出口商品销售盈亏的核算和分析，外经贸企业可再根据出口商品名称设置明细科目进行分类核算，除反映出口货物的数量、单价、销售收入及成本等内容外，还应反映发票及合同号码、货物的品种及规格、价格条款、出口地区、原币金额以及所支付的境外运费、保险费及佣金等内容。

1.“主营业务收入——自营出口销售收入”账户

该账户属于损益类账户，是用来反映和监督出口货物销售收入的账户。该账户贷方登记企业实现的出口货物销售收入；借方登记出口货物发生的海外运输费、保险费和支付给中间商的佣金以及期末转入“本年利润”账户的自营出口销售收入；经期末结转后，该账户应无余额。

2.“主营业务成本——自营出口销售成本”账户

该账户属于损益类账户，是用来反映和监督企业已出口货物的生产成本或商品进价成本的账户。该账户借方登记从“发出商品”或“库存商品”账户结转的本期已销售货物的实际成本；贷方登记期末转入“本年利润”账户的已销售货物的实际成本；经期末结转后，该账户应无余额。

3.“应收账款——应收外汇账款”账户

该账户属于资产类账户，核算企业出口销售业务中，已装运出口并向银行办理托收，但尚未收回的外汇账款及以外币结算的利息、索赔等其他应收外汇款项。该账户借方登记发生的应收外汇账款；贷方登记出口收汇已经收回的外汇账款及因其他原因结清的应收外汇账款；余额一般在借方，表示企业应收外汇总额。该账户可按照不同的购货单位及接受劳务的单位设置明细账进行明细分类核算。

4.“应付账款——应付外汇账款”账户

该账户属于负债类账户，核算企业因购买商品、材料物资或接受劳务供应等应付给国外客户的进口货款，还包括出口理赔、出口佣金和海外运杂费、保险费等款项。该账户余额一般在贷方，表示企业应付外汇总额。该账户可按照不同客户名称设置明细账进行明细分类核算。

5.“发出商品——待运和发出商品”账户

该账户属于资产类账户，核算企业所有运往港口、车站、机场等候装船、装车或装机的出口商品及从仓库发出尚未向银行交单议付的出口商品。该账户借方登记待运和发出商品的金额；贷方登记取得装运提单、向银行办妥交单议付手续后结转的出口成本以及办理退库等的金额。如果等待装运的时间不长，也可以不设置本账户，在向银行办理交单议付时直接冲减“库存商品——库存出口商品”账户。

任务三　熟知自营出口销售会计核算原则

按照《企业会计准则》关于库存商品销售的确认、计量、登记和报告的规定，结合外经贸会计出口贸易销售核算的特点，在具体会计处理中应严格遵循下列各项原则：

一、自营出口贸易销售收入时间的确认原则

销售实现的确认，应当以权责发生制为基础，按照销售收入实现的判断条件进行确认。外经贸企业商品销售收入的确认，必须同时符合以下条件：

1.企业已将商品所有权的主要风险和报酬转移给购货方；

2.企业既没有保留通常与所有权相联系的继续管理权，也没有对已出售的商品实施有效控制；

3.与交易相关的经济利益能够流入企业；

4.相关的收入和成本能够可靠地计量。

上述四个判断条件，任何一个条件未能满足，即使收到货款，也不能确认为收入。

根据以上原则，自营出口销售收入的实现，不论是海、陆、空、邮寄出口，原则上均应以取得装运提单并向银行办理交单议付后方可作为出口销售收入的实现，这里的“单”指的是信用证或进口商所要求的全套出口商业单据。在一般情况下，出口企业已开具销售

发票并已将其与提货单等物权凭证交给购买方的同时，即意味着将商品所有权的风险和报酬转移给了进口方。

财务经理点评

在外贸实践中，(1) 信用证项下单证的交付，大多通过银行代替买方收受，称之为“交单”。银行收妥出口企业的相关议付单据，出口企业就应予以确认商品销售收入。(2) 商品、产品或其他物资已经报关发出或劳务已经提供，已开具商业发票，已收到买方交付的银行本票或买方开出的期票或买方提请银行签证的银行承兑汇票或买方签证承兑的商业承兑汇票，即可确认为销售实现。(3) 采用D/P、D/A方式，卖方向本国托收行交单，在理论上不构成托收行代理买方交接，应以赎单（或付款或承兑）为分界点。但是，拒绝付款或承兑的概率也很小，也可以在向托收行开出托收指示并交付单据时确认销售实现。

二、自营出口贸易销售收入金额的确认原则

不论以何种贸易术语（价格条件）成交，出口贸易销售收入均先以外销发票所列货款的外币总金额按当期外币与人民币即期汇率（一般以向银行交单日的外汇中间价）折算成人民币金额登记入账，并进行复币式核算。

三、自营出口货物销售以离岸价（FOB价）为会计核算基础价的原则

企业出口销售收入确认应按其成交价格来入账，但是在国际贸易中实际成交价格按现行国际惯例有十多种价格条款。按照海关业务的国际惯例，出口业务的统计以离岸价（FOB价）为准。

由于出口销售价格条款的特殊性，我国财政部为了使全国的出口销售收入的记账口径一致，并使其相关数据具有可比性，规定不论出口成交是使用哪一种价格条款，出口商品销售收入的入账金额一律以离岸价（FOB价）为基础。若是按离岸价（FOB价）以外的价格条款成交的出口商品，其发生的境外运输费、保险费及佣金连同以外汇支付的银行手续费等费用支出，均应冲减商品出口销售收入。

因此，当合同签订以在离岸价（FOB价）价格条款之下出口货物，租船订舱和投保运输险均由进口方负担，运费和保险费与出口方无关，出口方无须作这方面的账务处理。但目前，我国大多数出口都是以CIF价和CFR价价格条款成交的。因此，当合同签订以在到岸价（CIF价）价格条款之下出口货物，出口企业要负责运输和保险工作并承担相关费用，但是应该看到，CIF价及CFR价中的运费和保险费是运输公司和保险公司的收入而不是商品出口企业的收入，此外，佣金（包括以外汇支付的银行手续费）也只是商品出口企业的费用。因此，凡以CIF价或CFR价对外成交的，要将所支付的海外运输费、保险费及其佣金（及以外汇支付的银行手续费）冲减其出口销售收入账，以调整成离岸价（FOB价）入账。由此，所有的商品出口销售，其发生的国外有关外币费用一律作冲减销售收入处理，将销售收入统一为离岸价（FOB价）的会计核算基础。所以，离岸价（FOB价）为出口货物销售会计核算的基础价格。

四、自营出口销售成本的确认原则

出口商品的销售成本，在工厂自营出口下应为本厂的生产成本，在外贸收购制下则由

商品进价成本构成。出口商品的进价成本，包括从国内购进商品的原始进价和从国内购进商品所发生的与进货相关的运杂费等从属成本（如金额较小，基于重要性原则，可不计入商品进价，全部作为销售费用，列为当期损益）。出口商品销售结转进价的方法，通常有先进先出法、后进后出法、全月加权平均法、移动平均法和个别计价法等五种（外经贸企业一般采用个别计价法）。根据一贯性的会计原则，在一个会计年度内一种商品只能采用一种结转成本的方法。

出口商品结转销售成本的时间，应在商品销售实现的同时进行，而不必非得等到月末结转销售成本，这是外经贸企业会计实践的特点之一。目前，外经贸企业一般采用“一笔一清”（即销售一笔结一笔成本）配对结转成本的方法。这样不仅保证了结转成本的及时，同时防止了重转、错转、漏转成本现象的发生，也减轻了会计月底的工作量。

财务经理提示

出口商品的出运过程包含几个环节，无论在外贸收购出口制、代理制或工业自营出口制下，外销商品都要大致经过如下出运过程：工厂仓库—外贸仓库—外运公司—集装箱货站—海运码头或铁路货站或空运货站，或者由工厂直接将货物发运到码头、车站，以减少中间环节。在会计制作相关会计凭证时，应根据其具体的实际环节灵活掌握。

五、自营出口销售发生外币费用的确认原则

外经贸企业在出口销售过程中发生的外币费用，一般是指支付出口货物国外段的运费、保险费、佣金。按上述的第三条原则，其支付金额应冲减该项出口销售收入，而不得作为费用处理。

1.国外运费

国外运费是指价格条件中所规定的应由出口方负担的从商品离岸或离境至目的地的运输费用。财会部门应根据银行转账结算凭证、银行付款通知单、支票存根及费用原始凭证进行相关会计处理，以红字冲减销售收入或者借记“销售收入”科目。

2.国外保险费

国外保险费是指为转移商品在国外运输途中的风险，并在遭受损失的情况下得到必要的补偿，而向保险公司投保所支付的费用。凡以包括保险费在内的价格条件达成的交易，均由出口方根据合同规定应保的险额，向有关保险公司投保。保险费的计算方法是：到岸价（CIF价）×110%×保险费率。出口商在收到保险公司送来的运输保险单或发票副本及保险费结算清单时，应认真核对，审核无误后再予以支付，并根据有关原始凭证以红字冲减销售收入或者借记“销售收入”科目。

3.佣金

佣金是指价格条件或合同中规定的应支付给中间商的推销报酬。佣金是根据出口合同规定的佣金率和付佣方式或是以其他商品的方式来支付的，且一般由卖方向中间商支付。根据付佣方式的不同，所作的会计处理方式也会有所不同。

需要注意的是，佣金与折扣是不同的两个概念。佣金是对中间商支付的商品推销报酬，折扣是价格的优惠条件。凡同一发票既有折扣又有佣金者，佣金的计算应以折扣后的净货款为计算依据。

在实际操作中，佣金的支付方式有以下三种：

①票扣，即在出口发票上注明扣除佣金多少，并在信用证上规定有扣除佣金的字句。

②汇付，即由卖方收到全额货款后，再向中间商汇付佣金。这是目前我国使用较多的一种支付方式。

③议扣，又称议付，即在信用证议付时扣除佣金，出口交单时汇票上开足全部货款金额，并规定银行在议付单据时扣除佣金，然后将不含有佣金的货款付给出口商，佣金由银行径付中间商。

佣金按其支付方式不同，可分为明佣、暗佣和累计佣金三种类型。

1.明佣

明佣，又称发票内佣金，是指在贸易价格条件中规定的佣金，是根据成交的价格条件，在出口发票上注明的内扣佣金，即在出口发票上扣除佣金，通常在信用证上规定有扣除佣金的字句。采取明佣支付方式，出口商在出口销售发票上不但要列明销售金额，同时还要列明佣金率、佣金额及扣除佣金后的出口销售净额。例如，“CIFC3%”即指到岸价的价格中包含了3%的佣金在内。卖方按照扣除3%的佣金后的销售净额收款，然后由买方直接对中间商支付佣金，卖方则不需另行支付佣金。但在会计核算上，卖方仍要如实反映佣金金额，在账簿上应注明价格条件的佣金率以及已扣除的佣金金额，以防止人为造成重复付佣。出口方可按出口发票所列应收货款的净额进行会计处理，并以红字冲减销售收入或者借记“销售收入”科目。明佣的支付方式为票扣。

在出口商向银行办理完出口交单手续后，即实现出口销售收入。明佣业务的会计分录如下：

（1）交单议付时：

借：应收账款——应收外汇账款——××外币——××进口商（不含佣价）

　　主营业务收入——自营出口销售收入——××商品（佣金）

　贷：主营业务收入——自营出口销售收入——××商品（含佣价）

（2）收到货款后：

借：银行存款　（不含佣价）

　贷：应收账款——应收外汇账款——××外币——××进口商（不含佣价）

2.暗佣

暗佣，又称发票外佣金，是指佣金不在价格条款中明确表示，即在价格条件中未作规定，在出口发票上只列明销售货物含佣价总额，但在有关贸易合同中规定要支付佣金。使用暗佣方式付佣，外经贸企业根据销货总额确认收入实现时，应按发票金额及合同规定的佣金率计算佣金金额并予以入账，并以红字冲减销售收入。具体来说，暗佣的支付方式有汇付和议扣两种。

汇付是指由卖方收到包含佣金全额货款后，再向中间商汇付佣金。这是目前我国使用较多的一种支付方式。外经贸企业在向银行办理交单收汇时，应根据销售发票上列明的金额收取货款。例如，A公司向德国B公司出口商品，共计货款100 000美元，中间商是香港T公司，按货款总额3%的佣金率计提佣金，佣金的支付采取暗佣汇付方式。A公司向银行信用证交单议付时，议付的货款金额应是100 000美元，对方银行在审核其所有的议付单证无误且无不符后，即将货款100 000美元付至A公司的银行账户上，A公司在收到该货款后，再将佣金3 000美元（100 000×3%）付至中间商香港T公司的银行账户上。

议扣（又称议付）是指在信用证议付时扣除佣金，出口交单时汇票上开足全部货款金额，并规定银行在议付单据时扣除佣金，然后将不含有佣金的货款付给出口商，佣金由银行径付中间商。例如，A公司向德国B公司出口商品，共计货款100 000美元，中间商是香港T公司，按货款总额3%的佣金率计提佣金，佣金的支付采取暗佣议扣方式。A公司向银行信用证交单议付时，议付的货款金额应是100 000美元，银行在审核其所有的议付单证无误后，即将货款97 000美元付至A公司的银行账户上，而3 000美元的佣金则由银行根据合同中的付佣规定付至中间商香港T公司的银行账户上。

暗佣业务的会计分录如下：

（1）确认销售收入时：

借：应收账款——应收外汇账款——××外币——××进口商（含佣价）

　贷：主营业务收入——自营出口销售收入——××商品（含佣价）

（2）计提应付中间商的佣金时：

借：主营业务收入——自营出口销售收入——××商品（佣金）

　贷：应付账款——应付外汇账款——××外币——××国外中间商（佣金）

由于暗佣的支付方式有议扣和汇付两种，现分别介绍其会计处理方式：

①凡采用暗佣议扣佣金的，在收汇时作如下会计分录：

借：银行存款（不含佣价）

　　应付账款——应付外汇账款——××外币——××国外中间商（佣金）

　贷：应收账款——应收外汇账款——××外币——××进口商（含佣价）

财务经理提示

采用暗佣议扣方式支付佣金的，由于银行已在议付单据时扣除了佣金，然后将不含有佣金的货款付给出口商，佣金由银行径付中间商，所以出口商就不需要再支付佣金给中间商。

②凡采用暗佣汇付佣金的，在收汇时作如下会计分录：

借：银行存款（含佣价）

　贷：应收账款——应收外汇账款——××外币——××进口商（含佣价）

出口商在收到全部货款后，对××国外中间商付佣时作如下会计分录：

借：应付账款——应付外汇账款——××外币——××国外中间商（佣金）

　贷：银行存款（佣金）

财务经理提示

采用暗佣汇付方式支付佣金的，由于银行已将含有佣金的货款按合同条款全部付给了出口商，一般来说，中间商已经完成了其在此次贸易中的使命，所以出口商在收到全部货款后应及时将佣金汇付给中间商。

3. 累计佣金

累计佣金是指外经贸出口企业与国外包销商、代理商签订协议，规定在一定时期内按其累计销货金额和佣金率计算并支付的佣金。佣金率是以累进计算的，即销货金额越大，佣金率越高，支付的佣金越多。这种佣金一般到期汇付时才入账。如果能直接认定到具体某出口商品的累计佣金，在账务处理上应冲减该出口商品的“主营业务收入——自营出口销售收入——××商品”账户；如果无法直接认定到具体某出口商品的累计佣金，则可以将其列入“销售费用——佣金”账户进行核算。

累计佣金业务的会计分录如下：

（1）无法认定到具体某出口商品时：

借：销售费用——佣金（佣金）

　贷：应付账款——应付外汇账款——××外币——××国外中间商（佣金）

（2）能够认定到具体某出口商品时：

借：主营业务收入——自营出口销售收入——××商品（佣金）

　贷：应付账款——应付外汇账款——××外币——××国外中间商（佣金）

六、自营出口销售退回的确认原则

自营出口后如发生退货，其原因可能有很多。其对应的处理方案一般有合约作废、另换新货、就地委托代销、就地废弃等，此外，还可能附带回程运保费、退补货关税等的处理。当发生这类情况时，应作如下会计处理：

1. 合约作废。根据对方送来的装运提单、退货通知单及我方入库单，分别冲销原两项分录：

借：主营业务收入——自营出口销售收入——××商品

　贷：应收账款——应收外汇账款——××外币——××进口商

借：库存商品——库存出口商品——××商品

　贷：主营业务成本——自营出口销售成本——××商品

2. 另换新货。应先冲回原分录，待补货发运时再按常规出口作账，并注明调换货物。

3. 就地委托代销。应先冲销上述第一笔分录，再作会计处理：

借：委托代销商品——××商品

　贷：主营业务成本——自营出口销售成本——××商品

4. 就地废弃。有时因商品价值抵不上运费，或因易变质，只得就地废弃。除冲销上述第一笔分录外，还应将货物成本及有关费用先转入“待处理财产损溢——××商品”账户，经审批后冲减“主营业务收入——自营出口销售收入——××商品”账户。

5. 回程运保费。如责任在我方，回程运保费应由我方负担，先转入“待处理财产损溢——××商品”账户，经审批后冲减“主营业务收入——自营出口销售收入——××商品”账户。

6. 退补货关税。我国《进出口关税条例》第27条规定：“因故退还的我国出口货物……提供原出口单证，经海关审查核实，可以免征进口关税。但是，已征收的出口关税，不予退还。”据此，补货出口应有税负。

七、自营出口销售发生的理赔款确认原则

如果出口销售发生理赔款，其实质是销售收入的减少，故应作冲减销售收入处理，不应作营业外支出处理。

八、自营出口退税的确认原则

出口货物退（免）税是指对报关出口货物退还其出口单位在国内生产环节按税法规定所缴纳的增值税、消费税或免征其应纳税额。它是国际贸易中通常采用并为各国普遍接受的一种税收措施，其目的在于鼓励各国出口货物的公平竞争。

我国现行出口货物退（免）税管理办法规定："有出口经营权的企业出口或代理出口货物，除另有规定者外，可以在货物报关出口并在财务上作销售后，凭有关凭证按月报请税务机关批准退还或免征增值税和消费税。"

由于国家出口退税的相关规定经常根据国内出口形势的变化而发生相应调整，实际操作时需要密切注意并查阅国家与当地的税务政策的变动信息。目前，我国对出口退税的具体规定如下：

1.有出口经营权的企业是指经商务部及其授权单位批准，并在所在地主管退税业务的税务机关办理退税登记证的企业。

2.给予退税或免税的商品必须是出口或代理出口的货物。

3.上述货物必须报关并已离境。

4.出口货物必须已在财务上作销售处理。

5.退税申报时必须附送规定的有关凭证。

6.退还和免征税种只限于增值税和消费税。

7.出口货物原则上已经收回货款。

申报出口退税应按批次计算、填表、整理资料并申报退税。出口退税原则上是指部分退还或全部退还已出口商品在国内各流通环节被征收过的增值税和消费税。

根据现行退（免）税政策规定，生产企业委托外经贸企业代理出口自产货物或外经贸企业委托外经贸企业代理出口货物，一律由受托方到其主管退税的税务机关开具"代理出口货物证明"，并经退税的税务机关签章后，再由受托方交给委托方，最后由委托方向所在地税务部门办理退（免）税。委托方在申请办理退（免）税时，除提供"代理出口货物证明"之外，还须提供下列凭证：

1.受托代理出口的出口货物报关单（出口退税联）。

2.出口收汇核销单（出口退税专用联）。

3.代理出口协议副本。

4.外销发票。

5.税务机关要求提供的其他资料。

关于出口退税的会计处理，我们将在模块五进行详细介绍。

财务经理提示

总结以上各原则，外经贸企业的出口贸易销售核算是以计算"批次损益"为中心，以离岸价（FOB价）为基础。外经贸企业的会计核算人员要精打细算，认真计算批次盈亏，将出口时期不同、出口对象不同的同一商品列表加以观察、比较、分析，才能判明得失，掌握每一批出口销售的盈亏情况。

任务四　掌握自营出口销售会计处理方法

一、自营出口商品采购

出口商品购进是指外经贸企业根据国际市场的相关信息，为了出口或进口加工后复出口而取得国产商品所有权的交易行为。从内容上说，出口商品购进主要包括两个方面，即工业产品和农业产品的购进。做好出口商品购进的核算及会计管理工作，对外经贸企业改善经营管理、降低出口成本、提高经济效益、加速资金周转具有重要意义。

二、自营出口商品购进的方式

出口商品收购是指外经贸企业从企业或个人处购进出口商品的行为。出口商品购进按不同的收购方式，可分为直接购进和间接收购两种类型。

1.直接购进

直接购进是指外经贸企业与生产单位和有关部门通过签订购销合同，直接收购工矿产品和农副土特产品。

2.间接收购

间接收购是指对部分货源零星分散、不便于直接收购的商品，外经贸企业多采取委托供销社等基层单位代为收购的方式，同时，外经贸企业需要支付一定的代购手续费给基层单位以作酬劳。它是进出口企业收购农副土特产品的一种主要形式。

三、自营出口商品购进的交接方式

出口商品购进要运用购销合同约定交接的方式，以便明确责任、缩短购进时间、确保购进商品质量。出口商品购进的交接方式通常有送货制、提货制、发货制和就地代管四种。

1.送货制

送货制是指由供货单位将商品直接送到收购单位仓库或指定地点交货，并由外经贸企业当即验收入库的一种交接方式。在这种方式下，供货单位与外经贸企业在购销合同指定的地点办理交接，供货单位凭收货单向外经贸企业办理货款结算手续。送货费用和运输途中的商品损耗一般由供货单位负担。这种方式是本地直接收购所采取的主要方式，但同时也适合异地采购。

2.提货制

提货制是指由收购单位根据购销合同在供货单位的仓库或合同指定地点提取并验收商品的一种交接方式。在这种方式下，一般先由外经贸企业向供货单位办理货款结算手续后，凭提货单提货。提货过程中发生的费用和商品损耗一般由外经贸企业负担。这种方式主要适用于本地采购出口商品。

3.发货制

发货制是指由供货单位根据购销合同规定的发货日期、品种、规格和数量等条件，将商品发运到合同规定的购货单位所在地车站、码头或指定地点，交货并验收的一种交接方式。在这种方式下，由供货单位发运商品，取得运输凭证，然后向外经贸企业办理货款结算手续。有关费用的负担在双方签订的购销合同中应有明确规定。这种方式主要适用于异地采购。

4.就地代管

就地代管是指购销合同外经贸企业委托供货厂商代为保管商品，到时凭保管凭证办理商品交接的一种交接方式。在这种方式下，购销双方凭保管凭证办理商品交接。寄存过程中发生的仓储保管费用一般由外经贸企业负担，供货单位应负责妥善保管。这种方式对本地和异地采购均适用。

四、自营出口商品购进的主要程序

1.制订采购计划

外经贸企业应根据出口成交订单，编制具体的出口商品采购计划，即以销定产，落实好出口商品的货源。

2.签订购销合同

根据出口商品采购计划收购出口商品时，外经贸企业应按照《中华人民共和国合同法》的有关规定与供货单位签订购销合同，明确规定收购商品的名称、规格、型号、商标、等级、商品数量、计量单位、单价、总价、交货日期、交货方式、交货地点、运输方式、结算方式、收货人、费用负担方案以及违约责任和索赔条件等，以明确购销双方的权利和义务。

3.验收出口商品

外经贸企业对采购的出口商品应严格按照购销合同的相关规定进行验收，具体内容如下：

（1）一般的技术型不强的出口商品，主要对商品的品种、数量、规格、等级、花色、款式、质量和包装等方面进行验收。

（2）技术复杂、规格特殊，外经贸企业没有条件验收的出口商品，应按合同和协议规定，由生产单位或指定第三方出具检验证明书，并对商品的规格和质量负责，外经贸企业只点验数量，查验包装。

（3）根据国家规定应由商品检验局检验的出口商品，外经贸企业应凭商品检验局签发的合格证明书验收，并点清数量，查验包装。

4.支付商品货款

外经贸企业采购的商品验收后，应按合同和协议规定及时办理货款结算手续。

五、自营出口商品采购的会计核算

（一）设置出口商品采购账户

1.“在途物资”账户

该账户专门用来核算企业购入商品的实际采购成本。凡是通过本企业结算货款的，不论其是否进入本企业仓库，都应先通过“在途物资”账户进行核算，进行各成本项目的归集。该账户借方登记购入商品的实际采购成本；贷方登记结转入库商品的实际采购成本；余额在借方，表示企业在途商品的实际采购成本。该账户按商品的种类、名称、规格设置明细账户进行明细分类核算。

2.“库存商品”账户

该账户用来核算企业全部自有库存商品（包括出口和内销的国产商品及进口商品）的增减变动情况。该账户借方登记已取得商品所有权并已验收入库的商品实际进价；贷方登记已发出销售等出库商品结转的进价；余额在借方，表示期末库存商品的实际成本。该账户按外经贸企业的特点分别设置“库存出口商品”“库存进口商品”“库存其他商品”二级账户，并按其商品的种类、名称、规格和存放地点分设三级明细账户进行明细分类核算。

3.“应交税费——应交增值税（进项税额）”账户

该账户用来核算企业购入货物或接受应税劳务时支付的准予从销项税额中抵扣的增值税进项税额。

（二）出口商品采购成本的构成

出口商品的采购成本，应分别按以下两种情况确定：

1.国内购进的出口商品，除直接收购或委托代购的农副产品外，一律以进货原价（即增值税专用发票上记载的应计入采购成本的价格）作为采购成本。增值税专用发票上注明的增值税税额，作为增值税的进项税额反映，不计入商品的采购成本。

2.企业直接收购或委托代购的农副产品，以收购原价加收购税金作为采购成本。企业从农业生产者手中购买的自产农业产品，免征增值税。但按规定，购进免税农业产品内销时，准予抵扣一部分进项税额，抵扣额按买价和13%的扣除率计算。

财务经理提示

下列同出口商品采购有关的支出，也应列作出口商品的采购成本：（1）购进商品发生的进货费用，包括购进出口商品到达交货地车站、码头以前支付的各项费用及手续费；（2）购进商品在运输途中发生的合理毁损短缺或溢余，自提商品发生的运输费、装卸费及其他费用；（3）商品入库以前发生的挑选整理费用；（4）为购进商品筹集资金而发生的利息费用等。

（三）出口商品采购的入账时间

购进出口商品的入账时间，应以取得出口商品所有权或支配权、收到结算凭证的时间作为商品购进的入账时间。

购进出口商品由于结算凭证和商品到达企业的时间不一致，一般会出现以下三种情况，在会计核算上应根据具体情况，分别采用不同的处理方法：

1.结算凭证先到，商品未到

该种情况以收到结算凭证或开出商业承兑汇票或实际支付货款的时间作为商品购进的入账时间。

2.商品先到，结算凭证后到

该种情况以收到结算凭证的时间作为商品购进的入账时间。

3.结算凭证和商品同时到达

该种情况以该到达时间作为商品购进的入账时间。办理付款和商品验收入库同时进行，分别在账上记录付款业务和商品验收入库业务，借记“在途物资”账户，贷记“银行存款”账户；同时，借记“库存商品”账户，贷记“在途物资”账户。

（四）出口商品采购业务的账务处理

外经贸企业出口商品采购业务的核算，按同城购进和异地购进的方式，分为同城商品购进的核算和异地商品购进的核算。购进商品过程中发生的运输费、装卸费、保险费以及其他可归属于存货采购成本的费用等进货费用，应当计入存货采购成本，也可以先进行归集，期末根据所购商品的存销情况进行合理分摊。

1.同城商品购进的核算

同城商品购进是指外经贸企业从本市的生产企业或商业企业购进商品。同城商品购进时，商品的交接方式有送货制、提货制和就地代管三种，通常是结算凭证和商品同时到达，其货款结算一般采用转账支票或电子银行结算方式，商品验收入库和支付货款一般同时进行。财会部门对增值税专用发票和收货单审核无误后，作为付款依据，根据增值税专用发票上列明的货款金额，借记“在途物资”账户，根据列明的增值税税额，借记“应交税费——应交增值税（进项税额）”账户，根据两者之和，贷记“银行存款”账户；同时，进行商品入库的账务处理，借记“库存商品”账户，贷记“在途物资”账户。

［实例4-1］光瑞外经贸公司从本市购进电视机1 000台，每台价格为1 500元，增值税税率17%，货已送到并验收入库，财会部门签发转账支票支付全部款项。该公司编制会计分录如下：

①验单付款时：

借：在途物资——电视机　　1 500 000

　　应交税费——应交增值税（进项税额）　　255 000

　贷：银行存款——人民币户　　1 755 000

②验收入库时：

借：库存商品——库存出口商品——电视机　　1 500 000

　贷：在途物资——电视机　　1 500 000

2.异地商品购进的核算

外经贸企业从外地购进出口商品，一般采用的交接方式为发货制和就地代管两种，由供货单位或调出单位按照合同或协议规定，将商品委托运输部门发运到外经贸企业所在地车站或码头办理交接。货款结算一般采用银行汇票、电汇或委托银行收款及电子银行等结算方式。

由于外地购进的商品由运输部门运送，而托收凭证由银行邮寄，尽管贯彻单货同行原则，实际上商品与结算凭证到达外经贸企业有先后之别，或是结算凭证先到而商品未到（称为单到货未到），或是商品先到而结算凭证未到（称为货到单未到）。在这几种结算方式下，由于商品发运和货款结算在时间上的不一致，从而形成“单到货未到”“货到单未到”“单货同时到”几种情况，其在账务处理方式上也有所不同。

（1）单到货未到的账务处理

外经贸企业财会部门在收到银行转来的托收凭证和转来的专用发票及运单，并经业务部门核对无误后，应根据合同在规定的期限内办理货款结算手续。依据专用发票所记载的金额，借记“在途物资”和“应交税费——应交增值税（进项税额）”账户，贷记“银行存款”或“应付账款”账户。当商品到达后，由储运部门根据业务部门填制的收货单验收入库，经财会部门审核无误后，作商品入库的账务处理，借记“库存商品”账户，贷记“在途物资”账户。

［实例4-2］光瑞外经贸公司从外地购进大豆50吨，每吨价格为2 300元，增值税税率13%，发生应由光瑞外经贸公司支付的运输费7 000元、装卸费600元，共计7 600元，其进项税额运输费按11%、装卸费按6%进行抵扣。在单到货未到的情况下，根据结算凭证承付货款。该公司编制会计分录如下：

增值税进项税额=2 300×50×13%+7 000×11%+600×6%=15 756（元）

商品成本=2 300×50+7 600−15 756=106 844（元）

借：在途物资——大豆　　106 844

　　应交税费——应交增值税（进项税额）　　15 756

　贷：银行存款——人民币户　　122 600

［实例4-3］光瑞外经贸公司从外地购进出口用服装一批，采用发货制交接商品。增值税专用发票上注明男衬衫1 000件，单价70元/件，共计70 000元，增值税税率17%，增值税税额11 900元，价税合计81 900元。另外，供货方代垫运费1 000元，

运费进项税额按11%抵扣。合同约定验单付款，结算凭证已收到，商品尚未到达，款项以银行存款支付。该公司编制会计分录如下：

①验单付款时：

商品成本=70 000+1 000×（1-11%）=70 890（元）

增值税进项税额=11 900+1 000×11%=12 010（元）

借：在途物资——服装　70 890

　　应交税费——应交增值税（进项税额）　12 010

　贷：银行存款——人民币户　82 900

②验收入库时：

借：库存商品——库存出口商品——服装　70 890

　贷：在途物资——服装　70 890

（2）货到单未到的账务处理

对于商品先到而结算凭证后到的商品，在验收入库时，因其发票等结算单据未到，此时还不确定其采购成本，在会计实务中通常作如下处理：已验收入库但发票尚未到达的商品，在月份内可暂不入账，待发票账单到达后再按发票金额进行正常的账务处理；月末如结算凭证仍未到达，可按合同价或暂估价入账，借记“库存商品”账户，贷记“应付账款”账户，下月初用红字冲回，并于收到结算凭证时，按正常的程序在“在途物资”账户中进行核算。

［实例4-4］光瑞外经贸公司从外地购进出口用运动服一批，采用发货制交接商品。合同约定验单付款，商品已验收入库，结算凭证月末尚未收到，现按58 000元暂估入账。该公司编制会计分录如下：

①月末暂估入账时：

借：库存商品——库存出口商品——运动服　58 000

　贷：应付账款——暂估应付账款　58 000

②下月初红字冲回时：

借：库存商品——库存出口商品——运动服　［58 000］

　贷：应付账款——暂估应付账款　［58 000］

③收到结算凭证，增值税专用发票上注明运动服600件，单价100元/件，共计60 000元，增值税税率17%，增值税税额10 200元，价税合计70 200元。另外，供货单位代垫运费800元，运费进项税额按11%抵扣。款项以银行存款支付。

商品成本=60 000+800×（1-11%）=60 712（元）

增值税进项税额=10 200+800×11%=10 288（元）

④结算时：

借：在途物资——运动服　60 712

　　应交税费——应交增值税（进项税额）　10 288

　贷：银行存款——人民币户　71 000

⑤入库时：

借：库存商品——库存出口商品——运动服　60 712

　贷：在途物资——运动服　60 712

[实例4-5] 光瑞外经贸公司按合同从外地某塑料厂购入塑料制品2 000套，于2016年3月20日运到企业，已验收入库，至3月末，结算单据仍未收到。该公司于4月10日收到结算凭证并承付货款。该公司会计处理如下：

①3月20日，不作会计处理。

②3月末，根据入库单，按暂估价41 000元入账，编制会计分录如下：

借：库存商品——库存出口商品——塑料制品　　41 000
　贷：应付账款——暂估应付账款　　41 000

③4月1日，以红字冲销上月分录，编制会计分录如下：

借：库存商品——库存出口商品——塑料制品　　41 000
　贷：应付账款——暂估应付账款　　41 000

④4月10日，收到结算单据，该塑料制品单价20元/套，共计40 000元，供货单位代垫运杂费1 000元（暂不考虑运杂费税金），增值税税额6 800元，编制会计分录如下：

借：在途物资——塑料制品　　41 000
　　应交税费——应交增值税（进项税额）　　6 800
　贷：银行存款——人民币户　　47 800

⑤验收入库，编制会计分录如下：

借：库存商品——库存出口商品——塑料制品　　41 000
　贷：在途物资——塑料制品　　41 000

（3）单货同时到的账务处理

单货同时到的会计处理，与同城商品购进的处理相同，在此不再赘述。

[实例4-6] 光瑞外经贸公司从外地购进出口男衬衫一批，采用提货制交接商品。增值税专用发票上注明男衬衫800件，单价60元/件，共计48 000元，增值税税率17%，增值税税额8 160元，价税合计56 160元。男衬衫验收入库，款项以电汇方式支付。该公司编制会计分录如下：

①结算付款时：

借：在途物资——男衬衫　　48 000
　　应交税费——应交增值税（进项税额）　　8 160
　贷：银行存款——人民币户　　56 160

②商品入库时：

借：库存商品——库存出口商品——男衬衫　　48 000
　贷：在途物资——男衬衫　　48 000

3.购进商品发生退补价的核算

外经贸企业在商品购进过程中，有时由于供货单位的价款计算错误等问题，会出现退补价的现象。当实际价格低于原结算价格时，由供货单位退还差价款；当实际价格高于原结算价格时，由外经贸企业补付差价款。当购进的商品发生退补价时，一般由供货单位填制更正发票（退价时填制红字发票，补价时填制蓝字发票）送交外经贸企业，由业务部门审核无误后送交财会部门，据以办理收款或付款。

（1）购进商品发生退价的账务处理

［实例4-7］光瑞外经贸公司购进A商品5吨，每吨价格为2 000元，增值税税率17%，产品已到货，验收入库并已结清货款。现供货单位发现该商品每吨价格应为1 800元，应由供货单位退回货款1 000元，供货单位开来红字发票，并退回货款。A商品有2吨已出口销售。该公司编制会计分录如下：

借：银行存款——人民币户　1 170

　贷：应交税费——应交增值税（进项税额）　170

　　库存商品——库存出口商品——A商品　600

　　主营业务成本——自营出口销售成本——A商品　400

（2）购进商品发生补价的账务处理

［实例4-8］承［实例4-7］，如果供货单位发现该商品每吨价格应为2 500元，应由外经贸企业补付货款2 500元，供货单位开来蓝字发票，外经贸企业立即补付价款。该公司编制会计分录如下：

借：库存商品——库存出口商品——A商品　2 500

　应交税费——应交增值税（进项税额）　425

　贷：银行存款——人民币户　2 925

（3）拒付货款和拒收商品的账务处理

外经贸企业在购进出口商品时，经验单或验货，如果发现商品的品种、质量、规格、数量、价格等与合同不符，可视具体情况全部或部分拒收商品、拒付货款，并立即与供货单位协商解决。

全部拒付货款时，应在银行规定的承付期内填制“拒付理由书”，在会计上不作账务处理。拒付货款的商品到货后，应由业务部门填制“拒收商品通知单”通知供货单位，填制“代管商品收货单”并将其中两联交储运部门，据以办理商品验收，验收后在“代管商品收货单”上加盖“已收货”戳记。将拒收的商品单独存放，做好标记，妥善保管。财会部门根据储运部门转来的“代管商品收货单”，借记表外账户“代管商品物资”账户。

部分拒付货款时，只能对不符合合同规定的商品拒付货款，供货单位代垫的运杂费可以按适当比例加以拒付。商品到达后，拒付货款部分的商品作代管物资处理（具体处理同全部拒付货款），接受部分的商品同一般购进处理相同。

如果货款已付，当收到商品验收后发现与购销合同规定不符时，应予以拒收商品。对拒收的商品作代管物资处理，借记表外账户“代管商品物资”账户，对已付的货款应从“在途物资”“应交税费——应交增值税（进项税额）”账户转入“应收账款”账户，待双方协商后，再作账务处理。

［实例4-9］光瑞外经贸公司从外地购进B商品200箱，每箱价格为750元，增值税税率17%，收到银行转来的托收凭证及商品发票运费单据，运杂费共计1 500元（暂不考虑运杂费税金）。财会部门验单时发现有20箱商品规格不符合规定，当即填写“部分拒付理由书”送交银行，拒付货款及增值税税额共计17 550元，拒付运杂费150元，其余款项通过银行转账支付。该公司账务处理如下：

①根据“部分拒付理由书”和商品增值税发票、运费发票，作如下会计分录：

借：在途物资——B商品（750×180+1 500-150） 136 350
　应交税费——应交增值税（进项税额）（750×180×17%） 22 950
　贷：银行存款——人民币户 159 300

②商品运到验收入库，根据入库凭证，作如下会计分录：

借：库存商品——库存出口商品——B商品 136 350
　贷：在途物资——B商品 136 350

③拒付货款部分的商品，根据代管商品收货单，作如下表外账户记录：

代管商品物资——××供货单位B商品 20箱

4.购进商品退回的核算

外经贸企业在商品采购时，应严格组织验收入库，但是有时由于商品进货数量大，难以逐一验收，只能采取抽样检查。如果验收入库后又发现商品的质量、品种、规格、型号等与合同规定不符，外经贸企业应及时与供货单位协商，办理退货或调换商品手续。如果发生退货，外经贸企业的业务部门根据供货单位开来的红字专用发票填制“进货退出单”通知储运部门退货，储运部门退货后在“进货退出单”上加盖“退货”戳记并送交财会部门，财会部门据以进行退货的账务处理。

[实例4-10] 光瑞外经贸公司对所购商品进行商品检验时发现，所购部分商品质量不符合规定，由于货款已付，经与供货单位协商，双方同意退货。该商品原进价20 000元，增值税税率17%。该公司编制会计分录如下：

①退货时：

借：应收账款——××供货单位 23 400
　贷：应交税费——应交增值税（进项税额） 3 400
　　库存商品——库存出口商品——××商品 20 000

②收到供货单位退回的货款时：

借：银行存款——人民币户 23 400
　贷：应收账款——××供货单位 23 400

财务经理提示

外经贸企业自营出口销售业务环节及内容，正常情况下可分为出仓托运、出口报关、交单议付、实现销售收入、结转销售成本、计提佣金、支付国外运费及保险费、收回货款、支付佣金、申报出口退税等；非正常情况则包括与销售有关的退关、退货、索赔、理赔等。

在实际工作中，出口商品在托运以后发生的出仓运输、装船等费用，包括有关商品自所在地发运至边境、口岸的各项运杂费及装卸费等，均应凭各项原始单据支付，并按财务制度的有关规定，不同性质的费用应分别列入“销售费用”和“管理费用”等账户进行处理。但考虑到出口业务管理的特殊要求，即出口业务一般以每一批次外商订购的货物为计算周期，外商需要多少商品就在国内采购多少，并采取一单一结的利润结算方案，相关采购成本如出口货物国内的装卸费、运输费、保险费、合理损耗、入库前的挑选整理费、仓储费等费用更适宜直接列入出口货物的采购成本，在“在途物资”或“库存商品”账户中进行归集。这样既遵循收入与成本配比的原则，也符合税法的相关扣除规定，同时也不影响利润计算的正确性，更关键的是能够更方便、更快速、更直观地计算出按每一单出口商品的利润。因此，外经贸企业的出口贸易销售核算要以“批次损益”为计算原则。

六、自营出口商品销售的会计核算

（一）自营出口商品销售采取明佣方式支付佣金的会计处理

外经贸企业在出口销售过程中如果采用明佣方式支付佣金，在出口商向银行办理完出口交单手续后，即可认同出口销售收入实现，一般作如下会计分录：

1.确认销售收入

借：应收账款——应收外汇账款——××外币——××进口商（不含佣价）

　　主营业务收入——自营出口销售收入——××商品（佣金）

　贷：主营业务收入——自营出口销售收入——××商品（含佣价）

2.收到货款

借：银行存款（不含佣价）

　贷：应收账款——应收外汇账款——××外币——××进口商（不含佣价）

［实例4-11］光瑞外经贸公司对美国M公司出口甲商品100 吨，价格条件为CIF纽约每吨1 500美元，采用信用证方式结算，佣金为明佣，按4%计算，海外运保费共计15 000美元。该公司对汇兑损益的处理方案是采用逐笔结转法。

（1）银行已受理光瑞外经贸公司信用证向银行的交单议付申请，光瑞外经贸公司于当日计提应付中间商佣金，当日美元汇率中间价为1美元=6.48元人民币。

借：应收账款——应收外汇账款——美元——M公司　　937 008

　　　　（（USD1 500×100-USD5 400）×6.48）

　　主营业务收入——自营出口销售收入——甲商品　　34 992

　　　　（（USD1 500×100-USD15 000）×4%×6.48）

　贷：主营业务收入——自营出口销售收入——甲商品　　972 000

（2）收到现汇货款144 600美元，当日美元汇率中间价为1美元=6.47元人民币。

借：银行存款——美元户（USD144 600×6.47）　　935 562

　　财务费用——汇兑损益　　1 446

　贷：应收账款——应收外汇账款——美元——M公司　　937 008

　　　　（（USD1 500×100-USD5 400）×6.48）

财务经理点评

此案例中，计算佣金时，按FOB价的计算原则，应先扣除货款中海外运保费共计15 000美元，卖方按照扣除4%的佣金后的销售净额收款，由买方直接对中间商支付佣金，卖方不需单独办理佣金支付手续。但在会计核算上仍应反映佣金金额，以防止可能造成的重复付佣。

（二）自营出口商品销售采取暗佣方式支付佣金的会计处理

外经贸企业在出口销售过程中如果采用暗佣方式支付佣金，与明佣一样，在出口商向银行办理完出口交单手续后，即可认同出口销售收入实现，但金额有所不同，一般作如下会计分录：

1.确认销售收入

借：应收账款——应收外汇账款——××外币——××进口商（含佣价）

贷：主营业务收入——自营出口销售收入——××商品（含佣价）

2.计提应付中间商佣金

借：主营业务收入——自营出口销售收入——××商品（佣金）

贷：应付账款——应付外汇账款——××外币——××国外中间商（佣金）

由于暗佣的支付方式有议扣和汇付两种，在实际工作中，应根据具体情况分议扣和汇付两种方式进行账务处理。

（1）对暗佣采用议扣佣金的，一般在收汇时作如下会计分录：

借：银行存款（不含佣价）

应付账款——应付外汇账款——××外币——××国外中间商（佣金）

贷：应收账款——应收外汇账款——××外币——××进口商（含佣价）

财务经理点评

采用暗佣议扣方式支付佣金的，银行已在议付单据时扣除了佣金，然后将不含佣金的货款付给出口商，佣金由银行径付中间商，所以出口商不用再付佣金了。

（2）对暗佣采用汇付佣金的，一般在收汇时作如下会计分录：

借：银行存款（含佣价）

贷：应收账款——应收外汇账款——××外币——××进口商（含佣价）

出口商在收到全部货款后，对××国外中间商付佣时作如下会计分录：

借：应付账款——应付外汇账款——××外币——××国外中间商（佣金）

贷：银行存款（佣金）

财务经理点评

采用暗佣汇付方式支付佣金的，银行先将含有佣金的货款全部付给出口商，所以出口商在收到全部货款后应及时将其中的佣金付给中间商。

[实例4-12] 光瑞外经贸公司对韩国L公司出口A商品100吨，价格条件为FOB青岛每吨1 000美元，佣金的支付方式为暗佣议扣方式，中间商是香港T公司，按2%的佣金率计提佣金。

（1）2日，银行已受理该外经贸公司信用证的交单议付，当日银行美元汇率中间价为1美元=6.38元人民币。

（2）25日，收到货款，当日银行美元汇率中间价为1美元=6.39元人民币。

该公司编制销售收入、提佣及收到货款的会计分录如下（汇兑损益采用集中结转法）：

①信用证交单议付：

借：应收账款——应收外汇账款——美元——L公司（USD1 000×100×6.38）

638 000

贷：主营业务收入——自营出口销售收入——A商品　　638 000

②计提应付中间商佣金：

借：主营业务收入——自营出口销售收入——A商品　　12 760

贷：应付账款——应付外汇账款——美元——T公司（USD1 000×100×2%×6.38）　　12 760

③收到货款：

借：银行存款——美元户（USD1 000×100×98%×6.39）　　626 220

应付账款——应付外汇账款——美元——T公司（USD1 000×100×2%×6.39）　　12 780

贷：应收账款——应收外汇账款——美元——L公司（USD1 000×100×6.39）　　639 000

财务经理点评

此案例中，由于采用暗佣议扣佣金的方式，银行已在议付单据时扣除了佣金，然后将不含佣金的货款付给出口商，佣金由银行径付中间商，所以出口商不用再付佣金了。由于交单日与收汇日美元汇率相差0.01元人民币，所以产生了汇兑损益，因按集中结转法计算汇兑损益，所以此差异暂时不作处理，待月末作统一调整。

[实例4-13] 光瑞外经贸公司向德国GT公司出口铝锭，共计FOB价货款400 000美元，采用信用证方式结算货款，中间商是香港T公司，按3%的佣金率计提佣金，佣金的支付采取暗佣汇付方式。该公司对汇兑损益的处理方案是采用逐笔结转法。

(1) 3月5日，银行已受理光瑞外经贸公司信用证的交单议付申请，当日银行美元汇率中间价为1美元=6.35元人民币。该公司编制会计分录如下：

借：应收账款——应收外汇账款——美元——GT公司（USD400 000×6.35）　　2 540 000

贷：主营业务收入——自营出口销售收入——铝锭　　2 540 000

(2) 3月5日，根据3%的佣金率计提应付香港T公司佣金，当日银行美元汇率中间价为1美元=6.35元人民币。该公司编制会计分录如下：

借：主营业务收入——自营出口销售收入——铝锭　　76 200

贷：应付账款——应付外汇账款——美元——T公司（USD400 000×3%×6.35）　　76 200

(3) 3月25日，收到货款并于当天将铝锭佣金汇付至香港T公司，当日银行美元汇率中间价为1美元=6.37元人民币。该公司编制会计分录如下：

①收到货款时：

借：银行存款——美元户（USD400 000×6.37）　　2 548 000

贷：财务费用——汇兑损益　　8 000

应收账款——应收外汇账款——美元——GT公司（USD400 000×6.35）　　2 540 000

②支付佣金时：

借：应付账款——应付外汇账款——美元——T公司（USD400 000×3%×6.35）　76 200

　财务费用——汇兑损益　240

　贷：银行存款——美元户（USD400 000×3%×6.37）　76 440

（三）自营出口商品销售采取累计佣金方式支付佣金的会计处理

外经贸企业在出口销售过程中如果采用累计佣金方式支付佣金，一般情况下作如下会计分录：

1.如果累计佣金能够认定到具体的某出口商品，可作冲减其销售收入处理：

借：主营业务收入——自营出口销售收入——××商品

　贷：应付账款——应付外汇账款——××外币——××国外中间商

2.如果累计佣金无法认定到具体的某出口商品，可将其列入“销售费用”账户进行核算：

借：销售费用——佣金

　贷：应付账款——应付外汇账款——××外币——××国外中间商

[实例4-14] 光瑞外经贸公司计提应付中间商美国D公司佣金共计50 000美元，其中含A商品佣金20 000美元，其余30 000美元已分不清具体是何种商品的佣金，提佣当日美元汇率中间价为1美元=6.48元人民币。该公司编制会计分录如下：

借：主营业务收入——自营出口销售收入——A商品（USD20 000×6.48）　129 600

　销售费用——佣金（USD30 000×6.48）　194 400

　贷：应付账款——应付外汇账款——美元——D公司（USD50 000×6.48）　324 000

进出口业务案例——会计处理解析

[案例1]

光瑞外经贸公司对美国M公司出口甲商品200吨，价格条件为CIF纽约每吨1 500美元，采用信用证方式结算货款，出口佣金为明佣，按4%计算，商品进价为每吨9 500元人民币。光瑞外经贸公司对汇兑损益的处理方案是采用逐笔结转法，且在银行开设有美元现汇存款账户。

1.该公司收到M公司开来的信用证后，经审核其信用证所有条款没有问题并与外销合同内容相一致，业务部门立即开出商品出库凭证，连同出口发票等单据通过公司储运部门向外运公司办理出口货物托运手续并报关，财会部门凭出库单作如下会计分录：

借：发出商品——待运和发出商品——甲商品　1 900 000

　贷：库存商品——库存出口商品——甲商品　1 900 000

2.该公司业务部门收到储运部门送来的有关装运提单及信用证所要求的所有全套单证，当即向银行办理交单议付手续，银行受理交单议付手续后，财务部门作如下会计分录（当日银行美元汇率中间价为1美元=6.20元人民币）：

①确认收入时：

借：应收账款——应收外汇账款——美元——M公司（USD1 500×200×96%×6.20）

1 785 600

主营业务收入——自营出口销售收入——甲商品 74 400

贷：主营业务收入——自营出口销售收入——甲商品 1 860 000

②结转销售成本时：

借：主营业务成本——自营出口销售成本——甲商品 1 900 000

贷：发出商品——待运和发出商品——甲商品 1 900 000

③如果出口佣金为暗佣支付方式，仍按4%计算，则销售实现时：

借：应收账款——应收外汇账款——美元——M公司（USD1 500×200×6.20）

1 860 000

贷：主营业务收入——自营出口销售收入——甲商品 1 860 000

④计提应付中间商佣金时：

借：主营业务收入——自营出口销售收入——甲商品（USD1 500×200×4%×6.20）

74 400

贷：应付账款——应付外汇账款——美元——××国外中间商 74 400

3.该公司支付国外运费及保险费。假定光瑞外经贸公司收到外运公司转来的甲商品出库后的国外费用结算清单，列示国外运费400美元，当日银行美元汇率中间价为1美元=6.21元人民币，经审核无误后予以转账支付，作如下会计分录：

借：主营业务收入——自营出口销售收入——甲商品 2 484

贷：银行存款——美元户（USD400×6.21） 2 484

按合同规定，上述出口业务应由外经贸公司按发票总额的110%向保险公司投保，保险公司的保费率为0.5%，即需支付保险费1 650美元，当日银行美元汇率中间价为1美元=6.21元人民币，财会部门收到保险公司的结算清单，经审核无误后予以转账支付，作如下会计分录：

借：主营业务收入——自营出口销售收入——甲商品 10 246.50

贷：银行存款——美元户（USD1 500×200×110%×0.5%×6.21） 10 246.50

因货物出口佣金原则上应按FOB价格条款计算，所以在收到出口货物国外段运保费有关单据后，还应对以前按CIF价格条款计算的应收账款进行相应调整，作如下会计分录：

借：应收账款——应收外汇账款——美元——M公司 509.22

（（USD400+USD1 650）×4%×6.21）

贷：主营业务收入——自营出口销售收入——甲商品 509.22

4.该公司收到货款并支付国外中间商佣金。若光瑞外经贸公司收到银行通知，前述货款已收妥外汇，当日银行美元汇率中间价为1美元=6.22元人民币。

（1）如果进出口双方使用的是明佣汇付方式，财会部门则根据银行转来的结汇单证，作如下会计分录：

借：银行存款——美元户（［（USD1 500×200）−（USD2 050×4%）］×96%×6.22）

1 790 870.36

贷：应收账款——应收外汇账款——美元——M公司 1 786 109.22

（（USD1 500×200×96%×6.20）+509.22）

财务费用——汇兑损益 4 761.14

财务经理点评

此案例中，计算佣金时，按FOB价的计算原则，应先扣除货款中海外运保费共计2 050美元，卖方按照扣除海外运保费后的销售净额收款计算佣金，由于出口佣金为明佣支付方式，应由买方直接对中间商支付佣金，卖方不需单独办理佣金支付手续。但在会计核算上仍应反映佣金金额，以防止可能造成的重复付佣。

（2）如果出口佣金为暗佣并采用汇付方式，当日银行美元汇率中间价为1美元=6.22元人民币，作如下会计分录：

①收回货款时：

借：银行存款——美元户（USD1 500×200×6.22）　　1 866 000

　贷：财务费用——汇兑损益　　6 000

　　应收账款——应收外汇账款——美元——M公司（USD1 500×200×6.20）

　　1 860 000

②当日支付佣金时：

借：应付账款——应付外汇账款——美元——××国外中间商　　73 890.78

（（USD1 500×200×4%×6.20）-［（USD400+USD1 650）×4%×6.21］）

　财务费用——汇兑损益　　239.18

　贷：银行存款——美元户　　74 129.96

（［（USD1 500×200）-（USD400+USD1 650）］×4%×6.22）

（3）如果出口佣金为暗佣并采用议扣方式，当日银行美元汇率中间价为1美元=6.22元人民币，收回货款时作如下会计分录：

借：银行存款——美元户（［（USD1 500×200）-（USD2 050×4%）］×96%×6.22）

　　1 790 870.36

　应付账款——应付外汇账款——美元——××国外中间商　　73 890.78

（（USD1 500×200×4%×6.20）-［（USD400+USD1 650）×4%×6.21］）

　贷：财务费用——汇兑损益　　4 761.14

　　应收账款——应收外汇账款——美元——M公司（USD1 500×200×6.20）

　　1 860 000

财务经理点评

由于佣金为暗佣，并采用议扣方式，即由银行直接扣除佣金后付给中间商，故出口商收到的货款为不含佣金的货款净额，出口商也就不用再付佣了。

国外进口商将货款通过银行支付给外经贸企业时，按照规定，企业必须将所得外汇全数办理结汇。按国家规定申请保留一定限额外汇的企业，可将限额内保留的外汇记入"银行存款——××外币"账户，其余限额外的部分仍需向银行办理结汇。如果进出口双方采用的是暗佣汇付的支付方式，还应通过银行对外支付佣金。

5.该公司处理销货退回。

出口商品销售后，因某种原因可能会发生销货退回的现象。退回的商品可能尚未出关正在等待装运，也可能已经出关并实现销售，甚至有的已经收回货款。企业应根据不同情况作不同的账务处理。在退货过程中发生的各项费用，先记入“待处理财产损溢”账户，待查明原因后，再分别进行结转。

如果甲商品因质量原因，M公司要求全部退货，光瑞外经贸公司同意退货，财会部门凭退货通知单作如下会计分录：

（1）冲减销售收入：

借：主营业务收入——自营出口销售收入——甲商品　　1 860 000

　贷：主营业务收入——自营出口销售收入——甲商品　　73 890.78

　　应收账款——应收外汇账款——美元——M公司　　1 786 109.22

　　（（USD1 500×200×96%×6.20）+509.22）

（2）冲减销售成本：

借：发出商品——待运和发出商品——甲商品　　1 900 000

　贷：主营业务成本——自营出口销售成本——甲商品　　1 900 000

退回商品入库后：

借：库存商品——库存出口商品——甲商品　　1 900 000

　贷：发出商品——待运和发出商品——甲商品　　1 900 000

（3）冲减退回商品原支付的国外费用：

借：待处理财产损溢　　12 730.50

　贷：主营业务收入——自营出口销售收入——甲商品（运费）　　2 484

　　——甲商品（保险费）　　10 246.50

（4）支付退货过程中发生的国内外费用共计45 000元：

借：待处理财产损溢　　45 000

　贷：银行存款——人民币户　　45 000

（5）经批准，有关“待处理财产损溢”账户的金额作为冲销“主营业务收入——自营出口销售收入——甲商品”账户处理：

借：主营业务收入——自营出口销售收入——甲商品　　57 730.50

　贷：待处理财产损溢　　57 730.50

6.该公司处理对外理赔、索赔。

（1）理赔是指因外经贸企业违反合同规定，致使国外客户遭受损失，在合同的有效期限内，国外客户必须提供必要的证明，向外经贸企业提出索赔。外经贸企业经确认，如果情况属实应予以理赔的，先借记“待处理财产损溢”账户，贷记“应收账款——应收外汇账款”账户，然后分清索赔原因及责任，再作相应的处理。

如果光瑞外经贸公司向美国M公司出口甲商品150吨，每吨售价为5 000美元，商品出口后，外商验收时发现短缺5吨，向我方提出索赔10 000美元，假设外商货款未付。

①外经贸公司经确认后，同意对外理赔，当日银行美元汇率中间价为1美元=6.20元人民币，作如下会计分录：

借：待处理财产损溢　　62 000

贷：应收账款——应收外汇账款——美元——M公司（USD10 000×6.20） 62 000

②如果经查明，短缺商品系某运输部门丢失，应由其进行赔偿，经与某运输部门协商后确认其赔偿，作如下会计分录：

借：其他应收款——××运输部门 62 000

贷：待处理财产损溢 62 000

(2) 索赔是指因国外进口商违反合同规定，致使我方遭受损失，根据规定可向对方提出索赔要求。在这种情况下，外经贸企业业务部门应在合同的有效期内向外商提出索赔，外商确认赔偿时，应借记“应收账款——应收外汇账款”账户，贷记“营业外收入”账户。

如果由于进口商M公司不履行合同，致使光瑞外经贸公司遭受损失3 000美元，经外方确认后同意理赔，当日银行美元汇率中间价为1美元=6.20元人民币，作如下会计分录：

借：应收账款——应收外汇账款——美元——M公司（USD3 000×6.20） 18 600

贷：主营业务收入——自营出口销售收入——甲商品 18 600

[案例2]

光瑞外经贸公司根据外销合约出口待运A商品一批计10 000打，成本单价每打人民币30元（不含增值税），出口商品外销发票金额为CIF价50 000美元，并与中间商约定出口商应付国外中间商按A商品CIF价2%的明佣佣金1 000美元。假设光瑞外经贸公司对汇兑损益的处理方案是采用逐笔结转法，且在银行开设有美元现汇存款账户。

1.出库待运

公司业务部门根据分工按出口合约或信用证规定，做好包装等工作，并备妥发票、装箱单以及其他出口单证后，即开具出库单交由对外运输公司，办理出口待运及报关等手续。财会部门根据收到的出库凭证，作如下会计分录：

借：发出商品——待运和发出商品——A商品 300 000

贷：库存商品——库存出口商品——A商品 300 000

2.出口交单

出口商品已经装船并得到已装船提单时，公司业务部门根据信用证或出口合约规定，将全套出口单证交由银行办理交单议付手续，并将银行受理的出口单证交单回执联送交财会部门，据以作销售处理，并同时结转其销售成本，作如下会计处理：

①财会部门根据交单日银行美元汇率中间价（假设1美元=6.85元人民币）折合为人民币，作如下会计分录：

借：应收账款——应收外汇账款——美元——××国外客户 335 650

（USD50 000×98%×6.85）

主营业务收入——自营出口销售收入——A商品（USD1 000×6.85） 6 850

贷：主营业务收入——自营出口销售收入——A商品 342 500

②在作销售收入会计处理的同时，应结转其销售成本，作如下会计分录：

借：主营业务成本——自营出口销售成本——A商品 300 000

贷：发出商品——待运和发出商品——A商品 300 000

3.出口收汇

银行收到光瑞外经贸公司全套出口单证经审核无误后，即按规定向国外信用证开证行办理托收手续。银行在收妥外汇后，随即将外汇存入企业在银行开设的待核查账户，经银行与外汇管理局核对该外汇来源的合法性及已收外汇的金额和应收外汇的金额是否一致后，银行按公司要求将美元结汇成人民币，即按当日银行美元汇率买入价（假设1美元=6.84元人民币）折合为人民币，开具外汇结汇水单将人民币转入公司账户，作如下会计分录：

借：银行存款——人民币户（USD50 000×98%×6.84）　335 160
　　财务费用——汇兑损益　490
　贷：应收账款——应收外汇账款——美元——××国外客户　335 650
　　（USD50 000×98%×6.85）

结汇时银行扣除的手续费或银行其他费用，公司应以“财务费用——银行手续费”账户处理。公司应及时到外汇管理局办理出口核销单的收汇核销手续，核销完毕后，外汇管理局会将出口核销单的第三联即出口退税联加盖外汇管理局公章，返还给出口方以作出口方向国家税务局涉外分局办理出口退税手续之用。

4.支付国外费用

①商品装运出口后，光瑞外经贸公司收到对外运输公司的外币运费单据时，应对出口发票号码、计费吨、运价等级、运费金额以及是否应由公司支付等因素审核无误后，向银行按当日现汇卖出价申购外汇付给收款单位。假设出口商品应支付海运费25 000港元，当日银行港元汇率卖出价为1港元=0.88元人民币，作如下会计分录：

借：主营业务收入——自营出口销售收入——A商品　22 000
　贷：银行存款——人民币户（HKD25 000×0.88）　22 000

②光瑞外经贸公司收到保险公司送来的出口运输保险单和联合发票副本及保险费结算清单时，应对出口发票号码、品名、投保金额、险别、保险费率和保险费金额以及是否应由我方负担等因素审核无误后支付。假设出口商品应支付海运保险费500美元，当日银行美元汇率卖出价为1美元= 6.83元人民币，作如下会计分录：

借：主营业务收入——自营出口销售收入——A商品　3 415
　贷：银行存款——人民币户（USD500×6.83）　3 415

财务经理点评

（1）计算出口销售收入根据的是以离岸价（FOB价）为核算基础的原则，所以发生的国外费用均应作冲减销售收入处理。

（2）如果出口销售货款的结算采用托收方式，因托收结算方式是商业信用，所以由出口商在发运货物后按发票金额开具汇票，连同货运单据委托当地外汇银行通过进口地的联行或代理行向进口商收取货款。在跟单托收结算方式中，付款交单（D/P）和承兑交单（D/A）在会计处理上没有什么不同，在程序上主要分为向银行交单托收与银行通知收妥结汇两个环节。

（3）在国际市场的经济活动中，为了推动和扩大出口销售而实行赊销是通行的商业惯例，而采用D/A或D/P结算方式通常是在买方市场中卖方不得已接受的。D/A或D/P结算方式为商业信用，风险较高，极可能发生坏账。所以，出口业务结算方式还是较多选择使用信用证结算。

（4）若为无证出口（包括D/A、D/P）方式的出口业务、出口后通过汇款方式结算的出口业务，以及对公司已预收货款的出口业务，借方应为“预收账款——预收外汇账款——××国外客户”账户。

［案例3］

光瑞外经贸公司根据外销合约规定出口A商品一批计10 000打，成本单价每打人民币30元（不含增值税），出口商品外销发票金额为CIF价50 000美元，并与中间商约定出口商应付国外中间商按A商品CIF价2%的暗佣议付佣金1 000美元。假设光瑞外经贸公司对汇兑损益的处理方案是采用逐笔结转法，且在银行开设有美元现汇存款账户。

1.出库待运

公司业务部门根据分工按出口合约或信用证规定，做好包装等工作，并备妥发票、装箱单以及其他出口单证后，即开具出库单交由对外运输公司，办理出口待运手续。财会部门根据收到的出库凭证，作如下会计分录：

借：发出商品——待运和发出商品——A商品　　300 000

　贷：库存商品——库存出口商品——A商品　　300 000

2.出口交单

出口商品已经装船并得到已装船提单时，公司业务部门根据信用证或出口合约规定，将全套出口单证交由银行办理交单议付手续，然后将银行受理的出口单证交单回执联送交财会部门，据以作销售处理。假设出口商品发票金额为CIF价50 000美元，财会部门根据交单日银行美元汇率中间价（假设1美元=6.85元人民币）折合为人民币，作如下会计分录：

①确认收入时：

借：应收账款——应收外汇账款——美元——××国外客户（USD50 000×6.85）

342 500

　贷：主营业务收入——自营出口销售收入——A商品　　342 500

②结转销售成本时：

借：主营业务成本——自营出口销售成本——A商品　　300 000

　贷：发出商品——待运和发出商品——A商品　　300 000

3.计提佣金

计提应付国外中间商2%的暗佣佣金1 000美元，提佣日银行美元汇率中间价为1美元=6.83元人民币，应作冲减销售收入处理，作如下会计分录：

借：主营业务收入——自营出口销售收入——A商品　　6 830

　贷：应付账款——应付外汇账款——美元——××中间商（USD1 000×6.83）　6 830

4.出口收汇

采用暗佣议付佣金的，银行已代扣应付佣金，收汇日银行美元汇率中间价为1美元=6.84元人民币，收到的美元存入美元现汇存款账户，收汇时作如下会计分录：

借：银行存款——美元户（USD50 000×6.84×98%）　　335 160

　　应付账款——应付外汇账款——美元——××中间商（USD1 000×6.83）

6 830

借：财务费用——汇兑损益　510

　贷：应收账款——应收外汇账款——美元——××国外客户（USD50 000×6.85）

342 500

5.预估国外费用

为正确核算期间盈亏及本年出口商品的出口成本，在季度结算或年度决算时，对已作出口销售处理，但尚未支付的国外运费、国外保险费，以及漏列的应付佣金，应分别预估转账，作如下会计处理：

（1）如果预估的国外运费为20 000港元，国外保险费为2 500美元，银行美元和港元汇率中间价分别为1美元=6.82元人民币和1港元=0.88元人民币，作如下会计分录：

借：主营业务收入——自营出口销售收入——A商品　34 650

　贷：其他应付款——预估国外保险费　17 050

　　　　　　　——预估国外运费　17 600

（2）本季度预估后，次季度实际支付运保费时，先作冲转原会计分录：

借：其他应付款——预估国外保险费　17 050

　　　　　　——预估国外运费　17 600

　贷：主营业务收入——自营出口销售收入——A商品　34 650

（3）如果实际向银行购汇支付的运费为18 000港元，保险费为2 000美元，支付日银行美元和港元汇率中间价分别为1美元=6.81元人民币和1港元=0.87元人民币，作如下会计分录：

借：主营业务收入——自营出口销售收入——A商品　29 280

　贷：银行存款——人民币户　29 280

年度决算后，次年度实际支付运保费时，无须冲转原会计分录，其与原预估数发生的差额，应以“以前年度损益调整”账户处理。

［案例4］

光瑞外经贸公司根据外销合约出口A商品一批计10 000打，成本单价每打人民币30元（不含增值税），出口商品外销发票金额为CIF价50 000美元，并与中间商约定出口商应付国外中间商按A商品CIF价2%的佣金1 000美元，采用暗佣汇付佣金的付佣方式。假设光瑞外经贸公司对汇兑损益的处理方案是采用逐笔结转法，且在银行开设有美元现汇存款账户。

1.出库待运

公司业务部门根据分工按出口合约或信用证规定，做好包装等工作，并备妥发票、装箱单以及其他出口单证后，即开具出库单交由对外运输公司，办理出口待运手续。财会部门根据收到的出库凭证，作如下会计分录：

借：发出商品——待运和发出商品——A商品　300 000

　贷：库存商品——库存出口商品——A商品　300 000

2.出口交单

出口商品已经装船并得到已装船提单时，公司业务部门根据信用证或出口合约规定，将信用证所要求的全套出口单证交由银行办理交单议付手续，并将银行受理的出口单证交单回执联送交财会部门，据以作销售收入处理。财会部门根据交单日银行美元汇率中间价

（假设1美元=6.85元人民币）折合为人民币，作如下会计分录：

①确认收入时：

借：应收账款——应收外汇账款——美元——××国外客户（USD50 000×6.85）　342 500

　贷：主营业务收入——自营出口销售收入——A商品　342 500

②结转销售成本时：

借：主营业务成本——自营出口销售成本——A商品　300 000

　贷：发出商品——待运和发出商品——A商品　300 000

3.计提佣金

计提应付国外中间商2%的暗佣佣金1 000美元，提佣日银行美元汇率中间价为1美元=6.83元人民币，应作冲减销售收入处理，作如下会计分录：

借：主营业务收入——自营出口销售收入——A商品　6 830

　贷：应付账款——应付外汇账款——美元——××中间商（USD1 000×6.83）　6 830

4.出口收汇

采用暗佣汇付佣金的，银行已将包含有佣金的全部款项付给出口商，然后再由出口商付给中间商佣金，收汇日及付佣日银行美元汇率中间价为1美元=6.84元人民币，作如下会计分录：

①收汇时：

借：银行存款——美元户（USD50 000×6.84）　342 000

　　财务费用——汇兑损益　500

　贷：应收账款——应收外汇账款——美元——××国外客户（USD50 000×6.85）　342 500

②付佣时：

借：应付账款——应付外汇账款——美元——××中间商（USD1 000×6.83）　6 830

　　财务费用——汇兑损益　10

　贷：银行存款——美元户（USD1 000×6.84）　6 840

5.支付国外费用

如果出口商品应支付海运费16 000港元，当日银行港元汇率中间价为1港元=0.85元人民币，则作如下会计分录：

借：主营业务收入——自营出口销售收入——A商品　13 600

　贷：银行存款——港币户（HKD16 000×0.85）　13 600

如果出口商品应支付海运保险费500美元，当日银行美元汇率中间价为1美元=6.83元人民币，则作如下会计分录：

借：主营业务收入——自营出口销售收入——A商品　3 415

　贷：银行存款——美元户（USD500×6.83）　3 415

6.寄售和经销

寄售和经销是委托国外客户代销业务的两种不同的经营方式。寄售是指合同只规定供代销参考用的价格，货款待销售以后根据实际销售价格及合同规定方式进行结算。经销是指委托方在将商品出运后，可先按合同规定暂作价格及支付方式结算货款，待受托方售出后，再按实际销售价格调整清算货款。两者就最后结算货款的原则来看，均属代销业务，因此有关经营过程中商品的所有权和费用、风险的负担并无区别，只是经销方式在商品出运后先行收汇而已。

（1）寄售和经销商品发出时，凭储运部门开具的出库单，作如下会计分录：

借：发出商品——待运和发出商品——A商品　300 000

　贷：库存商品——库存出口商品——A商品　300 000

（2）寄售商品出运时，凭有关出口运输单证以及注明"寄售"的出口发票，经与合约审核无误后，作如下会计分录：

借：委托代销商品——××客户——A商品　300 000

　贷：发出商品——待运和发出商品——A商品　300 000

（3）经销商品出运时，凭有关出口运输单证以及出口发票，作如下会计分录：

借：应收账款——应收外汇账款——美元——××国外客户（USD50 000×6.85）　342 500

　贷：主营业务收入——自营出口销售收入——A商品　342 500

同时结转销售成本，作如下会计分录：

借：主营业务成本——自营出口销售成本——A商品　300 000

　贷：发出商品——待运和发出商品——A商品　300 000

（4）寄售商品在收到国外客户寄来已售商品的清单时，应与所附发票副本核对售价及货款是否正确，并据以与上述（3）作同样的会计分录，但结转进价贷方应为"委托代销商品——××客户——A商品"账户。

（5）经销商品在收到国外客户寄来销售商品清单时，经审核需调整销售价格，假设实际销售价格为每打5.10美元，较原价共提高1 000美元，转账日银行美元汇率买入价为1美元=6.84元人民币。根据差额应补收时，作如下会计分录：

借：应收账款——应收外汇账款——美元——××国外客户（USD1 000×6.84）　6 840

　贷：主营业务收入——自营出口销售收入——A商品　6 840

应退差额作相反的会计分录。

（6）收到寄售或经销客户美元货款，并同时将美元结汇成人民币时，应凭银行结汇水单记账，当日银行美元汇率买入价为1美元=6.82元人民币，作如下会计分录：

借：银行存款——人民币户　347 820

　　财务费用——汇兑损益　1 520

　贷：应收账款——应收外汇账款——美元——××国外客户　349 340

（7）寄售或经销商品若在国外发生商品溢、缺现象，凡按合同规定应归我方负担的，应根据对方提供的凭证调整相关账务。寄售商品只需调整"委托代销商品"账户。经销商品因已作销售处理，为此必须先根据溢、缺数量及原销售价格调整销售收入，同时按原结转进价调整销售成本。

（8）由于自营出口销售收入一律以离岸价为计算基础，为此，寄售和经销商品发生的国外运保费、佣金以及其他应由我方负担的国外费用，同样均应作冲减"主营业务收入——自营出口销售收入"账户处理。

7. 出口销售退回

外经贸企业的商品出口销售后，如因各种原因，经双方协商同意，退回原货或另换新货，或者退货后就地委托客户寄售时，应根据不同情况进行账务处理。

（1）对已同意全部退回的商品，业务部门在收到对方装运提单时，应即交由储运部门办理接货及验收、入库等手续，财会部门应凭退货通知单，作如下会计分录：

①冲销收入：

借：主营业务收入——自营出品销售收入——A商品　　342 500

　贷：应收账款——应收外汇账款——美元——××国外客户（USD50 000×6.85）　　342 500

注：如货款已收回，应改以“应付账款——应付外汇账款——美元——××国外客户”账户处理，商品入库后，再通过银行归还。

②冲销原销售成本：

借：库存商品——在途出口商品——A商品　　300 000

　贷：主营业务成本——自营出口销售成本——A商品　　300 000

③退回商品验收入库后，财会部门应凭入库单调整“库存商品——在途出口商品”账户：

借：库存商品——库存出口商品——A商品　　300 000

　贷：库存商品——在途出口商品——A商品　　300 000

（2）对退货的原出口运保费及退货运保费，应根据经双方协商确定的原则进行处理。对应由对方承担责任的，我方不支付任何退货费用，如有原出口运保费也不作处理。对应由我方承担责任的出口退回，应将原出口运保费及退货运保费（假设原出口运保费和退货运保费为8 320元人民币），连同其他因退货发生的一切国内外费用10 000元人民币，转到“待处理财产损溢”账户，经批准后，再冲销“主营业务收入”账户，作如下会计分录：

借：待处理财产损溢——待处理流动资产损溢　　18 320

　贷：主营业务收入——自营出口销售收入——A商品　　8 320

　　　银行存款——人民币户　　10 000

经批准，冲销“主营业务收入”账户：

借：主营业务收入——自营出口销售收入——A商品　　18 320

　贷：待处理财产损溢——待处理流动资产损溢　　18 320

财务经理提示

在对外结算账款时，要注意几个管理问题如下：

1. 财务部门对出口业务不仅应注意出口销售的核算，还必须十分重视出口交单工作，即企业在按出口合同或信用证规定对外发货后，是否已及时将全套出口单证向银行交单、议付或托收货款。外销员同时也负有向银行出口交单的责任。财务部门应以企业向银行交单之日，作为确立出口销售的依据，并应做好交单后有关外汇账款收付情况的检查工作。

2. 出口货款的结算方式是安全、及时收汇的决定因素。不论出口采取何种结算方式，除预收货款及小额售样可自行对外寄单外，其余一律通过银行交单。

3. 为加强无证托收的管理，采取付款交单（D/P）方式应经业务部门主管同意；采取承兑交单（D/A）方式原则上以我国境外企业为限，其余客户应从严掌握，无可靠保证不予使用，使用时必须报经企业负责人同意。对经常使用无证托收的客户，应根据其资信情况，制定该客户出口应收账款的外汇最高限额（也可分部门制定限额），各业务部门在办理出口托运前，应先经财会部门核实欠款情况，超额时原则上应推迟托运。

4.出口货物结算期应以即期为原则，一般应以不超过90天为限，超过90天应报经企业领导同意，但最长不得超过180天。对远期付款交易在规定期限内付款是否收取利息，企业可根据业务情况决定，但对逾期付款部分必须在合同内明确规定参照国际市场利率加收利息。

5.财会部门应加强对外逾期应收账款的控制，发现逾期情况，应逐笔通知经办外销员，外销员负有向客户联系催收的责任。

6.企业应加强对预收国外货款的管理，对客户通过银行汇来的款项及交来的各项票据（包括客户签发的国外银行支票）都必须在收妥货款后，再对外发货。财会部门对国外汇款，在收到银行通知或结汇水单时，必须与有关业务部门联系，询问汇款来由，若内容不详应及时向银行或国外客户查询，以免影响对外发运；对预收的国外货款，在会计上应通过“预收账款”科目下设国外专户，按客户进行明细核算，要坚决防止汇入款账务反映不清或任意作收入处理的现象。

7.出口业务的佣金，除发票上内扣及累计佣金外，其余均应逐笔在出口交单时，转列应付款，即在“应付账款”科目下设“应付外汇账款——××中间商”专户，按客户进行明细核算。为正确计算对客户应付的佣金，业务部门应在送交会计部门内转账用的发票上，根据出口合同规定注明应付的佣金率及金额。财务部门在应付佣金账户上，对已内扣的佣金及佣金率（包括发票上内扣及信用证规定议付时内扣的佣金）应予以注明，以防止重复付佣。关于佣金与折扣的有关概念，需要明确：佣金属于对外应支付的商品推销的报酬，折扣是价格的优惠条件，凡同一发票内既有折扣（或以其他名义减少的货款）又有佣金者，佣金的计算应以抵扣以后的净货款为依据，如有附加费用者，同样应剔除后计算，要坚决防止错付和重付现象。财会部门应加强对支付佣金的审核，使用暗佣汇付方式必须先收妥货款，经计算无误后才能对外支付。对以汇票支付的佣金，应在财务上注明银行汇票号码，以便业务部门或国外客户查询。

8.对外结算账款的核算，包括“应收外汇账款”“应付外汇账款”“预收外汇账款”科目的借方、贷方、余额，应同时反映原币及人民币有关金额。为加强外汇核算，“应收外汇账款”科目可分设“有证出口”“无证出口”“其他”子科目，按不同币别及国别、地区分客户进行明细核算。

9.对两国间订有记账协议或支付协议的国家，出口结算使用的币值以及有关结算程序，均应严格按协议规定执行，不得使用规定以外的任何货币。

10.严禁要求国外客户以应收的出口货款抵付任何国外费用或用以进口物资，也不准在国外向客户任意要求借支或预付货款，更不得变相以低价出口套取或无偿赠送进口物资。凡已出口商品的应收货款，不论什么原因影响无法收汇时（包括国外退货），如已办理出口退税者，应向所在地主管退税的税务机关办理补交已退（免）的税款手续。

项目三　代理出口销售会计核算

任务一　熟知代理出口销售基本知识

一、代理出口销售的概念及业务管理内容

代理出口销售（acting export）是指外经贸企业（受托方）接受其他单位的委托，代其向国外销售商品，代其委托方办理出口商品的发运、制单、出口报关、交单议付和收、结汇手续，并收取一定手续费的出口业务。外经贸企业如果只代其办理部分出口销售业务，而未代替办理制单、交单、结汇业务的，或者只代其委托方办理出运、加工、整理、改装等部分工作，只能称为代办出口销售业务。外经贸企业办理代理出口业务时，应与委托方签订详细合同，确定双方的委托与受托关系，明确经营的商品、代理范围、商品交接、费用的负担、手续费及双方的职责等，以便双方严格执行合同。

1. 外经贸企业经营代理出口销售业务前，应与委托单位签订代理出口合同或协议，确定双方的委托与受托关系，就经营商品的品种、出口货物的数量、单价、金额、代理范围、商品交接、保管运输、费用负担、货款结算方式、手续费率、外汇划拨、索赔处理等有关业务内容，作出详细的规定。除了要规定双方的权利与义务外，还必须明确双方的经济责任，对代理出口商品使用的凭证均应加盖“代理业务”戳记，以便于识别。

2. 外经贸企业代理出口只负责办理出口手续和制作全套出口单证及向有关银行办理出口交单和收汇结汇事宜，不负责商品采购和垫付商品资金，不负担基本费用，也不承担出口销售盈亏，只收取代理手续费作为报酬。而委托方则应提供出口商品，负担国内外一切费用，并承担出口销售盈亏。

3. 代理出口所得外汇收入归委托方所有。根据现行的国家外汇管理局发布的《出口收汇结汇核销管理暂行办法》规定，除外商投资企业委托代理出口的情况下应凭委托代理协议办理原币划转之外，境内机构的出口收汇不得原币划转，应当在收款银行按买入价结汇后将人民币划转给委托方。这种划转如果是所收外汇在委托单位结汇（也称异地结汇）的，受托方在向银行交单时应办妥必要手续，由银行在收到外汇时扣除国外运费、保险费、佣金及代理手续费后，将外汇余额原币划拨给委托方，由委托方到所在地银行办理结汇；如果是所收外汇在受托方结汇的，由受托方先办理结汇收款，扣除各种代垫费用后，再将人民币余额划拨给委托方。目前虽然规定要统一采用后一种做法，但在实际操作中这方面的规定常有变化。双方采用何种方式结汇，应在代理合同中事先明确。

4. 代理出口商品发生的对外索赔、理赔，应由委托方负责办理确认和理赔，受托方只是协助其研究解决办法，待委托方确认后具体执行。

5. 代理出口商品的出口退税应归委托方，一般由受托方负责去受托方所在地税务机关开立代理出口退税证明并交由委托方，委托方持退税证明和出口报关单据向当地税务机关办理出口退税。

二、代理出口销售的种类

1. 视同买断方式

在这种方式下，委托方与受托方在所订立的代销协议中明确约定，委托方按协议价收

取代销商品的价款，而不过问实际出口的销售价。对受托方来说，商品出口的实际价格自行决定，可多赚也可少赚。由此可见，对受托方来说是出口之后再向委托方按协议价“购进”，受托方的收益是实际出口价与协议价之间的差额。所以，在这种方式下，受托方委托代销商品销售收入的实现和账务处理，与本企业货物对外出口销售收入的实现和账务处理相同，而委托方则相当于按协议价内销。

2.收取手续费方式

在这种方式下，委托方与受托方在所订立的代销协议中明确约定，受托方按要求将货物外销出口后，开具已销货物清单交由委托方，委托方在收到受托方代销货物清单时确认销售收入，而受托方则在货物出口销售后，根据协议规定的方法按应收取的手续费金额确认销售收入。

任务二　熟知代理出口销售会计账户的设置与核算内容

代理出口销售业务的会计核算需要设置的主要账户有：“受托代销商品”“应付账款”“应收账款”“主营业务收入”“主营业务成本”“其他业务收入”“其他业务成本”“应交税费——应交增值税”等账户。

1.“受托代销商品”账户

该账户是资产类账户，用来核算外经贸企业接受委托代理出口销售业务过程中，代理出口销售商品的收到、结存和结转的实际成本。该账户若有期初余额，则余额在借方；本期发生的增加额登记在借方，结转代理出口销售成本时登记在贷方；期末若有余额在借方，表示外经贸企业代理出口销售商品的实际成本。

2.“应交税费——应交增值税”账户

该账户是负债类账户，用来核算外经贸企业接受委托代理出口销售业务过程中，将代理收入确认为其他业务收入情况下，增值税的应交未交和应交已交的实际数额。该账户一般无期初余额；借方登记应交已交数额，贷方登记应交未交数额；期末一般无余额，若有贷方余额，表示应交未交增值税的实际数额。

任务三　熟知代理出口销售会计核算原则

1.外经贸企业经营代理出口销售业务，应遵循不垫付出口商品资金、不负担国内外直接费用、不承担出口销售业务盈亏，只按照出口销售发票金额及规定的代理手续费率，向委托方收取手续费的原则。根据这一原则，委托方则必须提供出口货源，负担一切国内外直接费用，并承担出口销售业务盈亏。

2.代理出口销售业务发生的国内外直接费用，均应由委托方负担，费用的结算原则上由委托方预付给受托方，金额较小的费用，受托方也可作暂时垫付。这主要是为了防止委托方一旦毁约后，其垫付款有收不回来的风险，这样的案例在现实中经常有所发生。

任务四　掌握代理出口销售会计处理方法

外经贸企业经营代理出口销售主要有两种类型：一是买断方式，二是收取手续费方式。由于视同买断方式对受托方来说，其账务处理与自营相同，故不再赘述。下面仅就收取手续费方式的会计处理进行简明介绍。

一、专业外经贸公司的会计处理方法

[实例4-15] 光瑞外经贸公司为万顺公司代理出口乙商品1 500打，合同金额为30 000美元（CIF价），双方商定代理手续费率为合同金额30 000美元（CIF价）的2%。收到委托单位交来代理出口商品时，根据业务或储运部门开具的盖有“代理业务”戳记的入库单，按合同规定金额扣除手续费后按当时银行买入价入账，当日银行美元汇率中间价为1美元=6.12元人民币。该公司在进行会计处理时，一般应编制如下会计分录：

1.收到代理出口商品

借：受托代销商品——万顺公司——乙商品（USD29 400×6.12）　179 928

　贷：应付账款——万顺公司（代理出口货款）（USD29 400×6.12）　179 928

2.代办出口交单收汇

受托方在代理商品装运出口后，在信用证规定期限内，将全套出口单证按信用证及合同规定向银行办理交单议付后，凭银行受理回执及其他出口单证，按当日银行美元汇率中间价1美元=6.12元人民币：

借：应收账款——应收外汇账款——美元——××国外客户（USD30 000×6.12）　183 600

　贷：主营业务收入——代理出口销售收入——乙商品（USD30 000×6.12）　183 600

同时，结转代理出口进价：

借：主营业务成本——代理出口销售成本——乙商品（USD29 400×6.12）　179 928

　贷：受托代销商品——万顺公司——乙商品（USD29 400×6.12）　179 928

3.代付境外费用

对于代理出口所发生的境外运输费、保险费和佣金等，应凭有关单据及银行购汇水单支付。假定境外运输费为1 200美元，保险费为400美元，代付境外佣金500美元，向银行购汇支付，当日银行美元汇率卖出价为1美元=6.15元人民币：

借：主营业务收入——代理出口销售收入——乙商品运输费（USD1 200×6.15）　7 380

　　——乙商品保险费（USD400×6.15）　2 460

　　——乙商品佣金（USD500×6.15）　3 075

　贷：银行存款——人民币户　12 915

同时，将境外费用转回国内万顺公司往来账：

借：应付账款——万顺公司（境外费用）　12 915

　贷：主营业务成本——代理出口销售成本——乙商品　12 915

4.出口收汇

银行收妥货款后，扣除银行手续费30美元，受托方根据银行结汇水单按当日银行美元汇率买入价1美元=6.11元人民币入账，当日银行美元汇率中间价为1美元=6.12元人民币：

借：银行存款——人民币户（USD29 970×6.11）　183 116.70
　　应付账款——万顺公司（银行手续费）（USD30×6.12）　183.60
　　　　　　——万顺公司（汇兑损益）　299.70
　贷：应收账款——应收外汇账款——美元——××国外客户（USD30 000×6.12）
　　　183 600

5.代付国内费用

假定受托方在代理过程中，支付国内运杂费1 000元人民币：

借：应付账款——万顺公司（国内费用）　1 000
　贷：银行存款——人民币户　1 000

6.清算代理款项

结算数=应付账款贷方数-应付账款借方数
　　=179 928-（12 915+183.60+299.70+1 000）
　　=165 529.70（元人民币）

借：应付账款——万顺公司　165 529.70
　贷：银行存款——人民币户　165 529.70

实际收入数=主营业务收入-主营业务成本
　　=（183 600-12 915）-（179 928-12 915）
　　=3 672（元人民币）

合同收入数=30 000×2%×6.12=3 672（元人民币）

经计算可知，实际收入数与合同收入数相符。

[实例4-16] 光瑞外经贸公司代理某企业出口商品一批，合同金额为16 000美元（CIF价），当日银行美元汇率中间价为1美元=6.85元人民币，双方商定代理手续费率为合同金额16 000美元（CIF价）的3%。

1.收到代管商品

当委托单位交来代管出口商品时，应根据业务或储运部门开具的盖有“代理业务”戳记的入库单，按合同规定的出口金额扣除手续费后，作如下会计分录：

借：受托代销商品——××客户——××商品（16 000×（1-3%）×6.85）
　　106 312
　贷：应付账款——国内委托单位（16 000×（1-3%）×6.85）　106 312

2.代办出口托运

公司根据代理出口合约及代管商品，代办出口单证并向运输单位办理托运手续时，根据业务及储运部门开具的盖有“代理业务”戳记的出库单，作如下会计分录：

借：发出商品——待运和发出商品——××商品　106 312
　贷：受托代销商品——××客户——××商品　106 312

3.代办出口交单

公司在代理商品装运出口后，在信用证规定期限内，将全套出口单证按合同规定结算方式向银行办理交单手续时，应凭储运部门通知按当日银行美元汇率买入价1美元=6.85元人民币，作如下会计分录：

借：应收账款——应收外汇账款——美元——××国外客户（USD16 000×6.85）
109 600

贷：主营业务收入——代理出口销售收入——××商品（USD16 000×6.85）
109 600

同时，结转代理出口进价，作如下会计分录：

借：主营业务成本——代理出口销售成本——××商品 106 312

贷：发出商品——待运和发出商品——××商品 106 312

如果委托单位自行将商品运往车站、码头交货的，会计上只通过表外科目“代管物资”反映，不作上述（1）和（2）的会计分录，上述（3）结转代理出口进价会计分录中的贷方科目，应改为“应付账款——国内委托单位”科目，并注销“代管物资”科目。

4.出口收汇

银行收妥货款并扣除银行手续费20美元，当日银行美元汇率买入价为1美元=6.83元人民币，根据银行结汇水单，作如下会计分录：

借：银行存款——人民币户（USD15 980×6.83） 109 143.40

应付账款——国内委托单位——银行手续费（USD20×6.83）
136.60

——国内委托单位——汇兑损益 320.00

贷：应收账款——应收外汇账款——美元——××国外客户（USD16 000×6.85）
109 600.00

5.代付国外费用

对代理出口发生的国外费用，包括运保费、佣金等，向银行购汇支付，支付时应凭有关单据及银行购汇水单。假设代付海运费800美元、保险费300美元，当日银行美元汇率卖出价为1美元=6.83元人民币，代付佣金800美元，当日银行美元汇率卖出价为1美元=6.82元人民币，作如下会计分录：

（1）代付运保费。

借：主营业务收入——代理出口销售收入——××商品 7 513

贷：银行存款——人民币户 7 513

（2）代付佣金。

借：主营业务收入——代理出口销售收入——××商品 5 456

贷：银行存款——人民币户 5 456

同时：

借：应付账款——国内委托单位 12 969

贷：主营业务成本——代理出口销售成本——××商品 12 969

6.代付国内费用

代理出口的国内各项直接费用，假设共支付800元人民币，应凭有关单据作如下会计分录：

借：应付账款——国内委托单位 800

贷：银行存款——人民币户 800

7.清算代理货款

代理出口业务在收妥货款结汇入账并结清国内外各项费用及应收手续费后，应即按代销合约的规定向委托方清算代理货款，作如下会计分录：

借：应付账款——国内委托单位　92 086.40

　贷：银行存款——人民币户　92 086.40

如果还有结存受托代销商品的，应即归还委托方，并转销“应付账款”账户。

结算应付代销商品款，总结算清单为：

109 600（出口销售收入）－5 456（国外佣金）－7 513（国外运保费）－3 288（代理出口手续费）－936.60（国内费用）－320（汇兑损益）=92 086.40（元人民币）

二、非专业外经贸公司的会计处理方法

对于非专业外经贸公司来说，在经营受托代理出口业务时，一般在账务处理上采用应收、应付往来账款的方式进行核算。

[实例4-17] 光瑞外经贸公司受红星公司委托代理出口M商品50吨，总进价为70 000元人民币，出口合同金额为20 000美元（CIF价），佣金率为2%，佣金的支付方式为议扣，手续费率为3%，采用受托方结汇方式。该公司作如下会计处理：

1.公司收到红星公司发来的M商品，作如下会计分录：

借：受托代销商品——M商品　70 000

　贷：代销商品款——红星公司　70 000

2.公司代办出口托运，根据代理出口合约及代管商品，代办出口单证并向运输单位办理托运手续时，根据业务及储运部门开具的盖有“代理业务”戳记的出库单，作如下会计分录：

借：发出商品——待运和发出商品——M商品　70 000

　贷：受托代销商品——M商品　70 000

3.公司收到红星公司支付的费用款，作如下会计分录：

借：银行存款——人民币户　5 000

　贷：应付账款——红星公司　5 000

4.商品发运港口并装船，发生国内运费150元人民币，国外运费及保险费400美元，当日银行美元汇率卖出价为1美元=6.20元人民币，作如下会计分录：

借：应付账款——红星公司（150+（USD400×6.20））　2 630

　贷：银行存款——人民币户　2 630

5.公司取得装运提单，持全套单证向银行办理交单，当日银行美元汇率中间价为1美元=6.30元人民币，作如下会计分录：

借：应收账款——应收外汇账款——美元——××公司（USD20 000×6.30）

126 000

　贷：应付账款——红星公司　126 000

同时，结转代理出口成本，作如下会计分录：

借：代销商品款——红星公司　70 000

　贷：发出商品——待运和发出商品——M商品　70 000

同时，计提应付中间商佣金，作如下会计分录：

借：应付账款——红星公司　　2 469.60
　贷：应付账款——应付外汇账款——美元——××中间商　　2 469.60
　　（（USD20 000-USD400）×2%×6.30）

6.按代理协议，公司收取外汇手续费600美元，当日银行美元汇率中间价为1美元=6.30元人民币，作如下会计分录：

借：应付账款——红星公司　　3 780
　贷：其他业务收入——代理出口销售收入——M商品（USD600×6.30）　　3 780

7.出口商品的货款，银行已收妥，公司根据银行结汇单入账，佣金的支付方式为议扣，当日银行美元汇率中间价为1美元=6.30元人民币，作如下会计分录：

借：银行存款——人民币户　　123 530.40
　　应付账款——应付外汇账款——美元——××中间商（USD392×6.30）
　　　　2 469.60
　贷：应收账款——应收外汇账款——美元——××公司（USD20 000×6.30）
　　　　126 000.00

8.公司将货款余额转付给红星公司，作如下会计分录：

借：应付账款——红星公司　　122 120.40
　贷：银行存款——人民币户　　122 120.40

123 530.40（结汇）+5 000（预收费用）-2 630（运保费）-3 780（手续费）
=122 120.40（元人民币）

“应付账款——红星公司”往来账户，其借方发生额为131 000元，贷方发生额为131 000元，其余额为零。至此，光瑞外经贸公司与红星公司结清全部往来账户。

[上岗试一试4]

一、入职基本知识题

1.简述出口业务的种类。

2.简述出口贸易流程。

3.简述购进商品溢余和短缺应如何进行处理。

4.简述出口贸易销售的会计核算原则。

5.简述佣金的支付方式。

6.简述代理出口业务的特点。

二、职业能力操作技能题

[实训1] 某外经贸企业2016年10月发生如下出口商品购进业务：

（1）10月1日，业务部门转来天津食品厂开来的专用发票，开列汇源果汁2 500箱，每箱50元，货款125 000元，增值税税额21 250元，并收到自行填制的收货单，当即签发转账支票支付。

（2）10月4日，开箱复验商品，发现10月1日入库的汇源果汁中有500箱系其他系列饮料，与天津食品厂联系后该厂同意退货。收到其退货的红字专用发票，应退货款25 000元，应退增值税税额4 250元，并收到业务部门和储运部门分别转来的进货退出单和出库联。

(3) 10月6日，业务部门转来大长今食品厂的更正专用发票，更正9月30日发票错误。原发票列明3 000箱夹心饼干，每箱24.8元，现每箱应为28.4元，补收货款10 800元，增值税税额1 836元。经审核无误后，当即以转账支票付讫。

(4) 10月12日，业务部门转来光明食品厂的更正专用发票，更正9月8日发票错误。其列明奶粉每袋15元，应退货款3 000元，增值税税额510元，并收到了这笔款项。

(5) 10月15日，银行转来绿色茶叶厂托收凭证及专用发票，开列绿色茶叶4 000千克，每千克40元，货款160 000元，增值税税额27 200元，运杂费500元，查验与合同相符，当即承付。

(6) 10月20日，收到绿色茶叶厂发来的茶叶，验收时，实收3 800千克，短缺200千克，每千克40元，商品储运部门送来商品购进溢余报告单，原因待查。

(7) 经查实，绿色茶叶厂短缺的200千克茶叶，其中50千克系自然损耗、100千克系供货单位少发，联系供货单位同意退回其货款及增值税发票；其余50千克系储运部门提货人员责任造成的，领导审批决定，其中的50%由个人负担、50%由企业列作损失核销。

(8) 假设10月20日收到的茶叶，验收时，实收4 100千克，溢余100千克。溢余的原因是：其中50千克系自然升溢；其余50千克系供货单位多发，补作购进，并同时补付货款。

要求：根据上述业务，编制相关会计分录。

[实训2] 北京进出口贸易公司根据进出口贸易合同销售给泰国汤姆电器公司冰箱400台，采用信用证结算。该公司2016年11月发生如下自营出口销售业务：

(1) 5日，收到储运部门转来的出库单，列明出库冰箱400台，每台1 500元人民币，现予以转账。

(2) 7日，签发转账支票支付北京港冰箱装船费1 000元人民币。

(3) 8日，收到外枪运输公司发票一张，列明金额为1 000美元，系400台冰箱的国外运费，当即签发转账支票从外币账户付讫，当日美元汇率中间价为1美元=6.28元人民币。

(4) 9日，按冰箱销售发票金额100 000美元的110%向保险公司投保，保险费率为0.2%，签发转账支票从外币账户支付，当日美元汇率中间价为1美元=6.28元人民币。

(5) 10日，收到业务部门转来销售冰箱的发票副本和银行回单，发票列明冰箱400台，每台250美元（CIF价），共计货款100 000美元，佣金率为3%，佣金3 000美元，采用暗佣议扣方式，当日美元汇率中间价为1美元=6.28元人民币，根据出库单结转出库冰箱的销售成本。

(6) 25日，收到银行转来的收汇通知，银行扣除120元手续费后，将其余部分货款存入银行账户，当日美元汇率中间价为1美元=7.27元人民币。

(7) 30日，冰箱购进的增值税税率为17%，已付增值税税额102 000元，向税务机关申报的退税率为17%。

要求：根据上述业务，编制相关会计分录。

[实训3] 天津玩具进出口公司受理湖州童车厂代理出口童车，代理手续费率2%，采取异地收（结）汇方法。该公司2016年12月发生如下经济业务：

(1) 2日，收到储运部门转来代理业务入库单，列明童车4 000辆，每辆56元。

(2) 4日，收到储运部门转来代理业务出库单，列明童车4 000辆，每辆56元。

(3) 10日，收到业务部门转来代理销售童车给加拿大温哥华公司的发票副本和银行回单，业务列明童车4 000辆，每辆10美元（CIF价），共计货款40 000美元，佣金800美元，采用暗佣汇付方式，当日美元汇率中间价为1美元=6.30元人民币，并结转代理出口童车成本。

(4) 12日，签发转账支票两张，分别支付天津运输公司将童车运至天津港的运杂费542元及天津港的装船费600元。

(5) 15日，签发转账支票两张，分别支付外轮运输公司的国外运费712美元及保险费88美元，当日美元汇率中间价为1美元=7.30元人民币。

(6) 26日，收到银行转来收汇的收账通知，金额为1 750美元，款项全部存入外币存款账户，当日美元汇率中间价为1美元=7.30元人民币。

(7) 26日，将代理业务的2%的手续费800美元入账。

(8) 26日，收到银行转来的结汇通知，划拨湖州童车厂收汇余额。

(9) 31日，支付中间商佣金。

要求：根据上述业务，编制相关会计分录。

模块五

外经贸企业出口货物退（免）税会计核算

学习目标

对出口退（免）税有清晰的认识，掌握外经贸企业出口退（免）税的基本规定及其会计处理，掌握生产企业"免、抵、退"税的计算及其会计处理，熟知出口退税的操作程序与申报方法，熟知出口退税的条件及附送的单证等材料，了解出口退税单证备案的基本规定，了解委托代理出口退（免）税的基本规定。

项目一　出口退（免）税基本知识

任务一　熟知出口退（免）税的认定及要求

一、出口退（免）税的含义

出口退（免）税（export tax refund or exemption）简称出口退税，是指国家对出口货物已承担或应承担的增值税和消费税实行退还或免征。

出口货物退税是指国家将出口货物出口前在国内生产、流通环节实际承担的增值税、消费税，在货物报关出口后退还给出口企业，使出口货物不含税即零税负。出口退（免）税是国际上的通行做法，是国际贸易中通常采用并为各国普遍接受的旨在鼓励各国出口货物公平竞争的一项税收措施。其目的是为了增强本国出口商品在国际市场上的竞争力。中国对出口货物坚持宏观调控、公平税负的原则，根据我国的实际情况，采取出口退税与免税相结合的政策，有力地促进了对外贸易经济的发展。

根据出口企业的不同形式和出口货物的不同种类，我国的出口货物税收政策分为以下三种形式：

1.出口免税

出口免税是指对货物在出口环节不征收增值税、消费税，这是把货物出口环节与出口前销售环节都视同一个征税环节。

2.出口退税

出口退税是指对货物在出口前实际承担的税收负担，按规定的退税率计算后予以退还。

3.出口不退税

出口不退税是指适用该政策的出口货物因在前一道生产、销售环节或进口环节是免税的，出口时该货物本身就不含税，也就无须退税。

二、出口退（免）税的认定

在我国，从事对外贸易经营活动的法人、其他组织和个人，按《外贸法》和《对外贸易经营者备案登记办法》的规定办理备案登记后，应在30日内持已办理备案登记并加盖备案登记专用章的对外贸易经营者备案登记表、工商营业执照、税务登记证、银行基本账户号码和海关进出口企业代码等文件，填写“出口货物退（免）税认定表”，前往出口退税的税务机关办理出口货物退（免）税认定手续。办理出口货物退（免）税认定手续后，出口的货物可按规定办理退（免）税。

1.“出口货物退（免）税认定表”上填写的任何事项发生变化，应于变更之日起30日内持有关证明文件及原“出口货物退（免）税认定表”等资料，向所在地主管出口退税业务的税务机关办理变更认定手续。

2.对外贸易经营者发生破产、解散、撤销以及其他依法应当终止事项的，须在向工商行政管理机关办理注销登记前，申报办理退税注销认定。如需办理注销登记的，应在1个月内持原批准的认定表及有关证明向主管出口退税的税务部门提出申请，税务部门接到申请后应对企业的出口货物退（免）税款进行清算，对已退（免）税款多退少补后，及时办理注销出口退税认定手续。

任务二　熟知出口退（免）税的范围及要求

一、出口退（免）税企业范围

享受出口货物退（免）税的出口商，包括对外贸易经营者、没有出口经营资格委托出口的生产企业、特定退（免）税的企业和人员、经国家商务部及其授权单位批准的有进出口经营权的自营生产企业和生产型集团公司、经国家商务部批准的有进出口经营权的工贸企业、集生产与贸易为一体的集团贸易公司、外商投资企业、经国务院批准设立享有进出口经营权的中外合资企业和合资连锁企业。对外贸易经营者是指依法办理工商登记或者其他执业手续，经国家商务部及其授权单位赋予出口经营资格的从事对外贸易经营活动的法人、其他组织或者个人。其中，个人（包括外国人）是指注册登记为个体工商户、个人独资企业或合伙企业。特定退（免）税的企业和人员是指根据国家有关规定可以申请出口货物退（免）税的企业和人员。

二、出口退（免）税货物范围

报关出口后可以享受出口退税优惠的货物，属于《中华人民共和国增值税暂行条例》和《中华人民共和国消费税暂行条例》规定的应税范围的出口货物，除税法另有规定外，均属于出口退税的货物范围。但由于考虑到国家宏观调控的需要和国际惯例，对一些非海关报关出口的货物也实行退（免）税。出口退（免）税货物范围可分为以下几类：

（一）一般退（免）税的货物范围及其条件

属于《中华人民共和国增值税暂行条例》和《中华人民共和国消费税暂行条例》规定的应税范围的出口货物，除国家明确规定不予退（免）税的货物和出口企业从小规模纳税人购进并持普通发票的部分货物及税法另有规定外，均属于出口退税的货物范围。但出口货物必须同时具备以下三个条件才能申报退税：

1.必须是属于增值税、消费税征税范围，并取得增值税专用发票和专用缴款书的货物。

2.必须是在财务上已作销售处理的货物。现行财务会计制度规定，出口商品陆运以取得承运货物收据或铁路联运运单、海运以取得出口货物装船提单、空运以取得空运单并向银行办理交单后作为销售收入的实现。出口货物销售价格一律以离岸价（FOB价）折算成人民币入账。对非贸易性的出口货物，如捐赠给外商的礼品、不作销售处理的样品和展品、个人在国内购置自带出境的货物等，不予退税。

3.必须是报关离境取得出口货物报关单并已收汇核销的货物。报送出口不离境的货物、在国内销售收取外汇而不报关离境的货物以及离境后不能在规定期限内收汇核销的出口货物，均不能退税。不符合上述条件，但属于下列情况之一的，也可退税：

（1）对外承包工程的公司运出境外用于对外承包项目的货物。

（2）对外承接修理修配业务的企业用于对外修理修配的货物。

（3）外轮供应公司、远洋运输供应公司销售给外轮、远洋国轮而收取外汇的货物。

（4）出口企业在国内采购并运往境外作为国外投资的货物。

（5）出口企业从小规模纳税人购进并持普通发票的货物，如抽纱、工艺品、香料油、山货、草柳竹藤制品、渔网渔具、松香、五倍子、生漆、鬃尾、山羊板皮、纸制品等。

（6）利用外国政府贷款或国际金融组织贷款，通过国际招标由国内企业中标的机电产品。

（7）境外带料加工装配业务报使用的出境设备、原材料和散件。

（8）对外补偿贸易及易货贸易、小额贸易出口的货物。

（9）对港、澳、台贸易的货物。

（10）对外驻华使馆、领事馆在指定的加油站购买自用汽油、柴油的增值税实行退税。

（11）列名钢铁企业销售给加工出口企业用于生产出口货物的钢材。

（12）保税区内企业从区外有进出口经营权的企业购进货物，保税区内企业将这部分货物出口或加工后再出口的货物。

（13）保税区外的出口企业委托保税区内仓储企业仓储并代理报关离境的货物。

（14）国家旅游局所属中国免税品公司统一管理的出境口岸免税店销售的卷烟、酒、工艺品、丝绸、服装和保健品等六大类国产品。

（15）外国驻华使（领）馆及其外交人员购买的列名中国产物品。

（16）商贸部下达的国家计划内出口的原油。

（17）外商投资企业采购的国产设备。

（18）出口企业出口的甲胺磷、罗菌灵、氰戊菊酯、甲基硫菌灵、克百威、异丙威、对硫磷中的乙基对硫磷等货物。

（二）国家特准不予退（免）税的货物范围

根据目前国家规定，下列出口货物不予退还或免征增值税、消费税：

（1）原油；（2）援外出口货物；（3）国家禁止出口的货物，包括天然牛黄、麝香、铜及铜合金、白金等（进料加工复出口除外）；（4）出口企业从农业生产者直接收购出口的免税农产品；（5）从小规模纳税人购进并持普通发票的除列举特准退税的货物之外的出口货物；（6）非指定经营企业出口原高税率货物和贵重货物；（7）有出口卷烟经营权的企业出口国家出口计划外的卷烟；（8）非保税区运往保税区的货物；（9）生产企业自营或委托非自产货物；（10）出口企业以“四自三不见”方式成交出口的货物。涉嫌骗税的出口货物在未查清之前，也不得退税。所谓“四自三不见”是指客商自带客户、自带货源、自带汇票、自行报关和出口企业不见出口产品、不见供货货主、不见外商。

（三）国家特准不予退税的免税货物范围

根据目前国家规定，下列出口货物免征增值税、消费税：

（1）来料加工复出口的货物。（2）避孕药品和用具。（3）农业生产者销售的自产农业产品。（4）古旧图书。（5）有出口卷烟经营权的企业出口国家出口计划内的卷烟。（6）军品以及军队系统企业出口军需部门调拨的货物。（7）国家规定的其他免税货物：①饲料；②农膜；③生产企业生产销售的碳酸氢铵、普通过磷酸钙、钙镁磷肥、复混肥、钾肥、重钙以及原生产碳酸氢铵、普通过磷酸钙、钙镁磷肥产品的小化肥生产企业改产生产尿素、磷胺和硫磷胺；④农药生产企业销售的敌敌畏、氧乐果、六硫磷等；⑤批发和零售的种子、种苗、化肥、农药、农机；⑥电影制片厂销售的电影拷贝。

财务经理提示

在实际工作中，关于出口退（免）税的货物范围及其条件的调整变化比较频繁，具体规定请多关注国家的最新政策。

任务三　熟知出口退（免）税的地点及要求

出口货物退税地点是出口企业按规定申报退税的所在地，按有关规定，出口退税的地点可分为以下几种情况：

1.进出口企业自营或委托出口的货物，由进出口企业向其所在地主管出口退税的国税机关申报办理。

2.生产企业自营或委托出口的货物，报经其主管征税的税务机关审核后，再向其主管出口退税的税务机关申报办理。

3.两个以上企业联营出口的货物，由报关单上列明的经营单位向其所在地主管出口退税的国税机关申报办理。

4.进出口企业在异地设立分公司的，总支机构有出口权，分支机构是非独立核算的企业，一律汇总到总支机构所在地办理退税；经原进出口部和商务部批准设立的独立核算的分支机构，有自营出口权，可以在分支机构所在地申报办理退税。

5.其他特准予退税的出口货物，如外轮供应公司等销售给外轮、远洋国轮而收取外汇的货物等，由企业向所在地主管出口退税的国税机关申报办理退税。

任务四　熟知出口退（免）税的税种与税率

一、出口退（免）税的税种

根据《中华人民共和国增值税暂行条例》和《中华人民共和国消费税暂行条例》的规定，出口货物退（免）税的税种为增值税和消费税。

1.增值税是指对在中华人民共和国境内销售货物或者提供加工、修理修配劳务以及进口货物的单位和个人，就其应税货物销售、加工、修理修配过程中的增值额和进口货物金额征收的一种税。

2.消费税是指对我国境内生产、委托加工和进口《中华人民共和国消费税暂行条例》规定中列举的应税消费品征收的一种税。

我国现行的增值税和消费税在西方被称为间接税，而且我国的增值税已实行价外税。这种价外税在生产、流通环节是采取价税分别记账、价税分栏开票、价税合计收费方法实施的，其最终转嫁给了消费者。这种转嫁税收实际上是由消费者承担的。因此，可以说价外税（间接税）是在生产和流通环节直接或间接地对消费者征收的一种税。由于出口货物不是在国内消费而是在国外消费，按照国际惯例，应该予以退（免）税。

二、出口退（免）税的税率

1.增值税退税率

我国目前对增值税出口退税调整为17%、16%、14%、13%、11%、9%、8%、5%、3%共九档退税率。另外，对部分产品取消出口退税，如取消原油、木材、纸浆、山羊绒、鳗鱼苗、稀土金属矿、磷矿石、天然石墨等货物的出口退税，对其中属于应征消费税的货物，也相应取消出口退（免）消费税政策。

财务经理提示

在实际工作中，关于出口退（免）税的增值税退税率的调整变化比较频繁，具体规定请多关注国家的最新政策。

2.消费税退税率

现行政策对出口货物属于应征消费税的，基本上实行全征全退，另对部分属于应征消费税的出口货物也相应取消其出口退（免）税政策。目前消费税出口货物退（免）税税率是随着其征税税率的改变而作相应的调整，具体按照消费税税目（税额）表执行（见表5-1），另外还应多关注国家的最新政策。

表5-1　**最新消费税税目及税率表**

税目	税率（税额）
一、烟	
1.卷烟	
（1）甲类卷烟（调拨价70元（不含增值税）/条以上（含70元））	56%加0.003元/支（生产环节）
（2）乙类卷烟（调拨价70元（不含增值税）/条以下）	36%加0.003元/支（生产环节）
（3） 商业批发	5%（批发环节）
2.雪茄烟	36%（生产环节）
3.烟丝	30%（生产环节）
二、酒及酒精	
1.白酒	20%加0.5元/500克（或者500毫升）
2.黄酒	240元/吨
3.啤酒	
（1）甲类啤酒	250元/吨

续表

税目	税率（税额）
（2）乙类啤酒	220元/吨
4.其他酒	10%
5.酒精	5%
三、高档化妆品	15%
四、贵重首饰及珠宝玉石	
1.金银首饰、铂金首饰和钻石及钻石饰品	5%
2.其他贵重首饰和珠宝玉石	10%
五、鞭炮、焰火	15%
六、成品油	
1.汽油	
（1）含铅汽油	1.52元/升
（2）无铅汽油	1.52元/升
2.柴油	1.20元/升
3.航空煤油	1.20元/升
4.石脑油	1.52元/升
5.溶剂油	1.52元/升
6.润滑油	1.52元/升
7.燃料油	1.20元/升
七、摩托车	
1.气缸容量（排气量，下同）在250毫升（含250毫升）以下的	3%
2.气缸容量在250毫升以上的	10%
八、小汽车	
1.乘用车	
（1）气缸容量（排气量，下同）在1.0升（含1.0升）以下的	1%
（2）气缸容量在1.0升以上至1.5升（含1.5升）的	3%
（3）气缸容量在1.5升以上至2.0升（含2.0升）的	5%
（4）气缸容量在2.0升以上至2.5升（含2.5升）的	9%
（5）气缸容量在2.5升以上至3.0升（含3.0升）的	12%
（6）气缸容量在3.0升以上至4.0升（含4.0升）的	25%
（7）气缸容量在4.0升以上的	40%
2.中轻型商用客车	5%
九、高尔夫球及球具	10%

续表

税目	税率（税额）
十、高档手表	20%
十一、游艇	10%
十二、木制一次性筷子	5%
十三、实木地板	5%
十四、铅蓄电池	4%（2016年1月1日起实施）
无汞原电池、金属氢化物镍蓄电池、锂原电池、锂离子蓄电池、太阳能电池、燃料电池和全钒液流电池	免征
十五、涂料	7%（2016年1月1日起实施）
施工状态下挥发性有机物（volatile organic compounds，VOC）含量低于420克/升（含）	免征

项目二　出口货物退（免）税的会计核算

任务一　熟悉外经贸企业出口退（免）税的会计处理

一、外经贸企业出口退（免）税的操作程序

1.向主管征税的税务机关申请取得一般纳税人资格；

2.到主管商务部门办理备案登记；

3.向主管退税部门办理出口货物退（免）税认定手续；

4.与外商签订外销合同；

5.向生产企业购进货物；

6.取得生产企业开具的消费税、增值税专用发票；

7.获取出口许可证、商检证等各清关用证件；

8.从外汇管理局取得外汇核销单；

9.向海关报关出口货物；

10.从海关取得出口报关单；

11.收汇并核销外汇；

12.从外汇管理局取得收汇核销单退税联；

13.凭有关单证向主管出口退税的税务机关申报出口退税；

14.主管出口退税的税务机关向国家金库开具收入退还书；

15.出口企业从银行收到出口退税款。

二、外经贸企业快捷办理出口退（免）税登记与申报

（一）出口退（免）税的条件

外经贸企业必须同时具备以下条件，才能申报退税：

1.必须是属于增值税、消费税征税范围的，并取得增值税专用发票和专用缴款书的货物。

2.必须是报关离境取得出口货物报关单并已收汇核销的货物。报送出口不离境的货物、在国内销售收取外汇而不报关离境的货物以及离境后不能在规定期限内收汇核销的出口货物，均不能退税。

3.必须是从境外收汇。

4.必须是在财务上已作销售处理的货物。出口货物销售价格一律以离岸价（FOB价）折算成人民币入账。对非贸易性的出口货物，如捐赠给外商的礼品、不作销售处理的样品和展品、个人在国内购置自带出境的货物等，不予退税。

（二）出口退（免）税登记的一般程序

1.有关证件的送验及登记表的领取。

企业在领取有关部门批准其经营出口产品业务的文件和工商行政管理部门核发的工商登记证明后，应于30日内办理出口企业退税登记。

2.退税登记的申报和受理。

企业领到出口企业退税登记表后，即按登记表要求填写，加盖企业公章和有关人员印章后，连同出口产品经营权批准文件、工商登记证明等证明资料一并报送税务机关，税务机关经审核无误后，即受理登记。

3.填发出口退税登记证。

税务机关接到企业的正式申请，经审核无误并按规定的程序批准后，核发给企业出口退税登记证。

4.出口退税登记的变更或注销。

当企业经营状况发生变化或某些退税政策发生变动时，应根据实际需要变更或注销退税登记。

5.出口退税附送的材料。

外经贸企业应在货物报关出口之日起90日内，准备以下出口退税证，用于出口退税申报，主要包括：

（1）出口货物的增值税专用发票。

凡外经贸企业购进的出口货物，外经贸企业应在购进货物后按规定要求供货企业开具增值税专用发票或普通发票；其购进货物开具的增值税专用发票属增值税防伪税控系统开具的，退税部门应要求外经贸企业自开票之日起30日内办理增值税专用发票认证手续。

由于小规模纳税人仅能开具普通发票，进出口企业向小规模纳税人购进出口货物时，除国家特准按普通发票给予退税的产品外，其余出口货物应由供货企业向其主管税务机关提出申请，由税务机关为其代开增值税专用发票，交进出口企业，凭以退（免）税。

（2）出口货物报关单（出口退税专用联）。

（3）出口收汇核销单（出口退税专用联）。

出口企业在申报出口货物退（免）税时，应提供出口收汇核销单，对尚未到期结汇的，也可不提供出口收汇核销单，退税部门按照现行出口货物退（免）税管理的有关规定审核办理退（免）税手续。

出口企业须在货物报关出口之日（以出口货物报关单（出口退税专用联）上注明的出

口日期为准）起180天内，向所在地主管退税部门提供出口收汇核销单（远期收汇除外）。经退税部门审核，对审核有误和出口企业到期仍未提供出口收汇核销单的，出口货物已退（免）税款应当追回；对未办理退（免）税的，不再办理退（免）税。

但对有下列情形之一的，自发生之日起2年内，出口企业申报出口货物退（免）税时，必须提供出口收汇核销单：

①纳税信用等级评定为C级或D级的；

②未在规定期限内办理出口退（免）税登记的；

③财务会计制度不健全，日常申报出口货物退（免）税时多次出现错误或不准确情况的；

④办理出口退（免）税登记不满1年的；

⑤有偷税、逃避追缴欠税、骗取出口退税、抗税、虚开增值税专用发票等涉税违法行为记录的；

⑥有违反税收法律、法规及出口退（免）税管理规定及其他行为的。

（4）出口外销发票和出口货物销售明细账。

在生产、经营过程中既有内销又有外销的，必须在明细账上将内销收入和外销收入分别记载。出口货物销售明细账一般采用多栏式明细账，外销收入应以离岸价为记账依据。

（5）税收（出口货物专用）缴款书和出口货物完税分割单。

对外经贸企业自一般纳税人购进出口的货物，外经贸企业向退税部门申报出口货物退（免）税时，不再提供税收（出口货物专用）缴款书或出口货物完税分割单（具体规定另行通知）；但对外经贸企业购进出口的消费税应税货物和自小规模纳税人购进出口的货物等其他尚未纳入增值税防伪税控系统管理的货物，还须提供税收（出口货物专用）缴款书或出口货物完税分割单。

（6）委托其他外经贸企业出口的，还应提供由受托方主管出口退税的税务机关签章的代理出口货物证明。

（7）出口货物退税汇总申报表、出口退税进货凭证申报明细表、出口货物退税申报明细表。

（8）预审疑点反馈表。

（9）税务机关要求报送的其他资料。

6.提交电子信息。

外经贸企业应在货物报关出口后，及时取得出口货物报关单，并登录电子口岸，查询比对出口信息与纸质报关单是否一致。若信息一致，应在每个工作日的上午8：00至下午16：00向国税局提交电子信息。

7.退税申报。

根据主管税务机关要求，使用指定的外经贸企业出口退税申报软件录入出口退税信息，生成出口退税申报数据，传递至软盘。

8.整理、装订出口退税报表、单证成册。

外经贸企业在规定的申报时间内要及时办理出口退税正式申报。若申报数据准确、单证无误、报表一致，则通过审核，转入审批环节；若存在需要调整、更正的数据或单证及报表，则应按主管税务机关的要求进行处理。

9.对于已经审批完毕的出口货物，主管税务机关将按法定程序办理退库手续。外经贸企业应根据银行退转的出口退税退付凭证进行账务处理，至此申报完毕。

（三）退税申报期限的规定

1.外经贸企业出口退税申报期限

外经贸企业应在货物报关出口之日（以出口货物报关单（出口退税专用）上注明的出口日期为准，下同）起90日内，向退税部门申报办理出口货物退（免）税手续。逾期不申报的，除另有规定者和确有特殊原因经地市级以上税务机关批准者外，不再受理该笔出口货物的退（免）税申报。

出口企业有下列情形之一的，属于上述所称的“特殊原因”：

①因不可抗力致使无法在规定的期限内取得有关出口退（免）税单证或申报退（免）税；

②因采用集中报关等特殊报关方式无法在规定的期限内取得有关出口退（免）税单证；

③其他因经营方式特殊无法在规定的期限内取得有关出口退（免）税单证。

出口企业有上述情形之一者，应当在规定的期限内向税务机关提出书面延期申报申请，经地市级以上（含地市级）税务机关核准，在核准的期限内申报办理退（免）税。

2.外经贸企业出口货物未在规定期限内申报退税的处理

外经贸企业自货物报关出口之日（以出口货物报关单（出口退税专用）上注明的出口日期为准）起90日内未向主管税务机关退税部门申报出口退税的货物，除另有规定者和确有特殊原因经地市级以上税务机关批准者外，企业须向主管税务机关征税部门进行纳税申报并计提销项税额。出口货物属于应税消费品的，还须按消费税有关规定进行申报。外经贸企业对出口货物按下列公式计提销项税额或计算应纳税额：

①一般纳税人销项税额的计算公式：

销项税额=［（出口货物离岸价格×外汇人民币牌价）÷（1＋法定增值税税率）］×法定增值税税率

②小规模纳税人应纳税额的计算公式：

应纳税额=［（出口货物离岸价格×外汇人民币牌价）÷（1＋征收率）］×征收率

三、外经贸企业出口货物退（免）税的计算

1.外经贸企业出口货物应退增值税税额的计税依据

（1）对出口货物单独设立库存账和销售账记载的，应按购进出口货物增值税专用发票所列明的进项金额为计税依据；对库存出口商品采用加权平均价核算的，也可将适用不同退税率的货物按下列公式分别确定：

退税计税依据=出口货物数量×加权平均购进单价

（2）从小规模纳税人购进特准退税的出口货物，退税依据按下列公式确定：

退税计税依据=普通发票所列销售金额÷（1+征收率）

［实例5-1］嘉佳进出口公司2016年1月出口从某小规模纳税人购进的特准退税产品10 000千克，普通发票列明单价为58.3元/千克，金额为583 000元。试计算公司出口该批产品的应退税额。

不含税进价=普通发票金额÷（1+征收率）

=583 000÷（1+6%）=550 000（元）

应退增值税税额=不含税进价×退税率

=550 000×6％= 33 000（元）

如果是从小规模纳税人购进持有税务机关代开的增值税专用发票的出口货物，退税依据按下列公式确定：

退税计税依据=增值税专用发票上注明的销售金额

（3）外经贸企业委托生产企业加工收回后报关出口的货物，退税计税依据为购买加工货物的原材料、支付加工货物的工缴费等专用发票所列明的进项金额。按原材料的退税率和加工费的退税率分别计算应退税款，加工费的退税率按出口产品退税率确定。

2.外经贸企业出口货物应退消费税税额的计税依据

外经贸企业收购应税消费品出口，其应退消费税的退税办法依据该消费品的征税办法确定，即退还该消费品在生产环节实际缴纳的消费税。凡属从价定率计征消费税的货物应依外经贸企业从工厂购进货物时征收消费税的价格为依据；凡属从量定额计征消费税的货物应依货物购进和报关出口的数量为依据。其计算公式分别为：

（1）实行从价定率征收办法的：应退税额=出口货物的工厂销售额×消费税税率

（2）实行从量定额征收办法的：应退税额=出口数量×消费税单位税额

（3）实行从价定率和从量定额相结合的复合计税办法的：

应退税额=（出口数量×消费税单位税额）+（出口货物的工厂销售额×消费税税率）

[实例5-2] 嘉佳进出口公司从某化工厂购进一批化妆品并全部出口，购进单价为95元/支，数量为7 200支，增值税税额为116 280元，退税凭证齐全。该化妆品的消费税税率为30％，试计算该批化妆品的应退消费税税额。

应退消费税税额=购进出口货物的进货金额×消费税税率

=7 200×95×30％=205 200（元）

四、外经贸企业出口货物退（免）税的账务处理

对外经贸企业符合规定的出口货物实行免、退税政策，即出口环节免征增值税，根据购进货物增值税专用发票上注明的进货价格和适用的出口退税率等计算应退增值税税额，征、退税之差计入企业出口货物成本。

外经贸企业收购出口的货物，在购进时应按照专用发票上注明的增值税税额，借记“应交税费——应交增值税（进项税额）”科目，按照专用发票上记载的应计入采购成本的金额，借记“在途物资”“库存商品”等科目；按照应付或实际支付的金额，贷记“应付账款”“应付票据”“银行存款”等科目。货物出口销售后，结转商品销售成本时，借记“主营业务成本”科目，贷记“库存商品”等科目；按照购进时取得的增值税专用发票上记载的增值税税额与按照《国务院关于调低出口退税率加强出口退税管理的通知》（简称《通知》，下同）规定的退税率计算的增值税税额的差额，借记“主营业务成本”科目，贷记“应交税费——应交增值税（进项税额转出）”科目。

外经贸企业按照规定的退税率计算应收的出口退税时，借记“其他应收款——应收出口退税”科目，贷记“应交税费——应交增值税（出口退税）”科目；收到出口退税时，借记“银行存款”科目，贷记“其他应收款——应收出口退税”科目。

因为消费税属于价外税，在其向银行交单议付销售成立时，已将包含消费税的出口货物进货价款全部结转至“主营业务成本”科目，所以自营出口应税消费品的外经贸企业，

应在应税消费品报关出口后申请出口退税时，冲减其“主营业务成本”科目，借记“其他应收款——应收出口退税”科目，贷记“主营业务成本”科目。实际收到应税消费品退回的税金时，借记“银行存款”科目，贷记“其他应收款——应收出口退税”科目。若发生退关或退货而补交已退的消费税，作相反的会计分录。

[实例5-3] 嘉佳进出口公司2016年2月8日购进工艺品3 000件，增值税专用发票上注明金额为57万元人民币，该工艺品出口至美国，离岸价为2.5万美元（交单议付日银行美元汇率中间价为1美元=6.549元人民币）。该出口工艺品的退税率为13%，试计算公司出口该批工艺品当月的应退税额。

应退增值税税额=570 000×13%=74 100（元人民币）

转出增值税税额=（570 000×17%）-74 100=22 800（元人民币）

(1) 购进货物时：

借：在途物资——工艺品 570 000

应交税费——应交增值税（进项税额） 96 900

贷：银行存款 666 900

(2) 货物入库时：

借：库存商品——库存出口商品——工艺品 570 000

贷：在途物资——工艺品 570 000

(3) 出口报关销售时：

借：应收账款——应收外汇账款——美元——××进口商（USD25 000×6.549）

163 725

贷：主营业务收入——自营出口销售收入——工艺品（USD25 000×6.549）

163 725

(4) 结转商品销售成本时：

借：主营业务成本——自营出口销售成本——工艺品 570 000

贷：库存商品——库存出口商品——工艺品 570 000

(5) 进项税额转出时：

借：主营业务成本——自营出口销售成本——工艺品 22 800

贷：应交税费——应交增值税（进项税额转出） 22 800

(6) 计算应收增值税退税款时：

借：其他应收款——应收出口退税 74 100

贷：应交税费——应交增值税（出口退税） 74 100

(7) 收到增值税退税款时：

借：银行存款 74 100

贷：其他应收款——应收出口退税 74 100

[实例5-4] 嘉佳进出口公司2016年3月5日从某日用化妆品公司购进出口用化妆品5 000箱，取得的增值税专用发票上注明的不含税价款为500万元人民币，进项税额为85万元人民币，货款已用银行存款支付。当月该批商品已全部出口，售价为每箱800美元（交单议付日银行美元汇率中间价为1美元=6.549元人民币），申请退税单证齐全。该化妆品的消费税税率为30%，增值税退税率为13%，试计算公司出口该批化妆品的应

退税额。

应退增值税税额=5 000 000×13%=650 000（元人民币）

转出增值税税额=850 000-650 000=200 000（元人民币）

应退消费税税额=5 000 000×30%=1 500 000（元人民币）

（1）购进货物时：

借：在途物资——化妆品　5 000 000

　应交税费——应交增值税（进项税额）　850 000

　贷：银行存款　5 850 000

（2）货物入库时：

借：库存商品——库存出口商品——化妆品　5 000 000

　贷：在途物资——化妆品　5 000 000

（3）出口报关销售时：

借：应收账款——应收外汇账款——美元——××进口商　26 196 000

　贷：主营业务收入——自营出口销售收入——化妆品　26 196 000

（4）结转商品销售成本时：

借：主营业务成本——自营出口销售成本——化妆品　5 000 000

　贷：库存商品——库存出口商品——化妆品　5 000 000

（5）进项税额转出时：

借：主营业务成本——自营出口销售成本——化妆品　200 000

　贷：应交税费——应交增值税（进项税额转出）　200 000

（6）计算应收增值税退税款时：

借：其他应收款——应收出口退税　650 000

　贷：应交税费——应交增值税（出口退税）　650 000

（7）收到增值税退税款时：

借：银行存款　650 000

　贷：其他应收款——应收出口退税　650 000

（8）计算应收消费税退税款时：

借：其他应收款——应收出口退税　1 500 000

　贷：主营业务成本——自营出口销售成本——化妆品　1 500 000

（9）收到消费税退税款时：

借：银行存款　1 500 000

　贷：其他应收款——应收出口退税　1 500 000

任务二　熟悉生产企业“免、抵、退”税的会计核算

一、生产企业“免、抵、退”税的操作程序

生产企业办理出口退（免）税的基本程序如下：

1.向主管外贸部门申请并取得进出口经营权；

2.向主管征税的税务机关申请取得一般纳税人资格；

3.向海关报关出口；

4.向主管征税的税务机关进行纳税申报和预免、抵申报；

5.从海关取得出口报关单；

6.出口企业收汇核销；

7.从外汇管理局取得收汇核销单；

8.单证收齐后，向主管出口退税的税务机关申报免、抵、退税；

9.主管出口退税的税务机关向国家金库开具收入退还书、免抵调库通知书；

10.出口企业从银行收到出口退税款。

二、生产企业办理“免、抵、退”税的准备条件

1.增值税一般纳税人的认定（确认退税主体资格）

（1）办理增值税一般纳税人认定的条件。

（2）申请办理一般纳税人的手续。

（3）一般纳税人的年检。

2.生产企业“免、抵、退”税适用范围的界定

实行“免、抵、退”税办法的“免”税，是指对生产企业出口的自产货物，免征本企业生产、销售环节增值税；“抵”税，是指生产企业出口自产货物所耗用原材料、零部件、燃料、动力等应予退还的进项税额，抵顶内销货物的应纳税额；“退”税，是指生产企业出口的自产货物在当月内应抵顶的进项税额大于应纳税额时，对未抵顶完的部分予以退税。

自产货物是指生产企业购进原辅材料，经过本企业加工生产的货物，包括视同自产货物。视同自产货物仅指以下四种情况：

（1）出口企业外购的与本企业所生产的产品名称、性能相同，且使用本企业或外商提供给本企业使用商标的产品。

（2）外购的与本企业所生产的产品配套出口的产品。

（3）收购经主管出口退税的税务机关认可的集团公司（或总厂）成员企业（或分厂）的产品。

（4）委托加工收回的产品。

生产企业出口的视同自产产品，在按规定进行“免、抵、退”税申报时，须向税务机关提供收购视同自产产品的增值税专用发票，同时须按当月实际出口情况注明视同自产产品的出口额。对生产企业出口的视同自产产品，凡不超过当月自产产品出口额50%的，主管税务机关按照有关规定审核无误后办理“免、抵、退”税；凡超过当月自产产品出口额50%的，主管税务机关按照有关规定从严管理，在核实全部视同自产产品供货业务、纳税情况正常无误后，报经批准后办理“免、抵、退”税。

3.新发生出口业务企业的新规定

（1）对新发生出口业务的企业，除符合下述（2）和（3）的规定外，自发生首笔出口业务之日起12个月内发生的应退税额，不实行按月退税的办法，而是采取结转下期继续抵顶其内销货物应纳税额的办法。12个月后，如该企业属于小型出口企业，则按《通知》第九条有关小型出口企业的规定执行；如该企业属于小型出口企业以外的企业，则实行统一的按月计算办理“免、抵、退”税的办法。

（2）注册开业时间在1年以上的新发生出口业务的企业（小型出口企业除外），经地

市税务机关核实确有生产能力并无偷税行为及走私、逃套汇等违法行为的，可实行统一的按月计算办理“免、抵、退”税的办法。

（3）新成立的内外销销售额之和超过500万元（含）人民币，且外销销售额占其全部销售额的比例超过50%（含）的生产企业，如在自成立之日起12个月内不办理退税确有困难的，在从严掌握的基础上，经省、自治区、直辖市国家税务局批准，可实行统一的按月计算办理“免、抵、退”税的办法。

4.其他规定

生产企业出口实行简易办法征税的货物，免征增值税；出口的其他货物实行“免、抵、退”税的办法。

5.生产企业出口退税登记

（1）登记期限。

①有进出口经营权的生产企业自取得进出口经营权之日起30日内向主管税务机关申请办理出口退税登记。

②没有进出口经营权的生产企业应在发生第一笔委托出口业务之前，持代理出口协议向主管税务机关申请办理临时出口退税登记。

③如发生变更、注销等情况，应于批准变更、注销之日起30日内向所在地主管退税业务的税务机关办理变更或注销手续。

（2）提供资料。

①法人营业执照或工商营业执照（副本）。

②税务登记证（副本）。

③中华人民共和国进出口企业资格证书（无进出口经营权的生产企业无须提供）。

④海关自理报关单位注册登记证明书（无进出口经营权的生产企业无须提供）。

⑤增值税一般纳税人申请认定审批表或年审审批表。

⑥税务机关要求提供的其他资料，如代理出口协议、中标证明通知书、采购国产设备登记手册等。

三、生产企业“免、抵、退”税的申报

1.申报方式

“免、抵、退”税申报采取电子数据申报和纸质单证申报相结合的方式。出口企业通过申报软件生成电子数据及相关申报表，将电子数据软盘、申报表和相关凭证、资料向主管税务机关申报办理“免、抵、退”税。

2.申报程序

（1）增值税纳税申报和免抵申报。

生产企业在货物出口并按会计制度规定在财务上作销售处理后，在增值税法定纳税申报期内向主管征税机关的征税部门或岗位申报办理增值税纳税及免抵申报手续，并提供相应资料。

（2）“免、抵、退”税申报生产企业应于每月1—15日向征税机关的退税部门或岗位办理“免、抵、退”税申报，并提供有关报表、凭证和其他资料。

3.“免、抵、退”税申报报表及资料的要求

企业将原始资料按生产企业出口退（免）税申报系统的要求进行数据录入，将申报资

料转变成电子数据的格式，同时打印出各种申报报表并生成正式申报软盘，将原始资料按申报报表上列明的顺序装订成册，在规定的申报时限内向税务机关正式申报出口退（免）税。生产企业进行“免、抵、退”税申报时，应提供下列资料：

（1）出口发票。

（2）出口货物报关单（出口退税专用）。

（3）出口收汇核销单（出口退税专用）或中远期结汇证明。

（4）增值税专用发票。

（5）税务机关要求提供的其他凭证。

（6）企业委托出口，还须提供代理出口证明、代理出口协议副本及税务机关要求的其他凭证。

生产企业自货物报关出口之日起超过90天未收齐有关出口退（免）税凭证的，主管国税机关应当视同内销货物计算征税。但对于出口收汇核销单按以下规定执行：

生产企业办理“免、抵、退”税申报时，应提供出口收汇核销单。但对尚未到期结汇的，也可不提供出口收汇核销单。在这种情况下，生产企业最迟须在货物报关出口之日（以出口货物报关单（出口退税专用）上注明的出口日期为准）起180天内，将出口收汇核销单（远期收汇除外）提供给主管退税部门。但对有下列情形之一的，自发生之日起2年内，出口企业申报出口货物退（免）税时，必须提供出口收汇核销单：

（1）纳税信用等级评定为C级或D级的。

（2）未在规定期限内办理出口退（免）税登记的。

（3）财务会计制度不健全，日常申报出口货物退（免）税时多次出现错误或不准确情况的。

（4）办理出口退（免）税登记不满1年的。

出口企业自首次申报办理出口退（免）税之日起2年内，在申报出口货物退（免）税时，必须提供出口收汇核销单。因改制、改组以及合并、分立等原因新设立并重新办理出口退（免）税登记的出口企业，如原出口企业不存在所列的其他情形，经省级税务机关批准，在申报退（免）税时可不提供出口收汇核销单，按规定采取事后审核。

（5）有偷税、逃避追缴欠税、骗取出口退税、抗税、虚开增值税专用发票等涉税违法行为记录的。

（6）有违反税收法律、法规及出口退（免）税管理规定其他行为的。经退税部门审核，对审核有误和出口企业到期仍未提供出口收汇核销单的，出口货物已退（免）税款一律追回；未办理退（免）税的，不再办理退（免）税。

4.退税申报的时限要求

（1）生产企业必须在货物报关（以报关单上的出口日期为准）后90天内收齐单证，向主管税务机关进行退税申报；逾期不申报的，除另有规定者和确有特殊原因经地市级以上税务机关批准者外，不再受理该笔出口货物的退（免）税申报，并视同内销货物予以征税。

（2）中标机电产品应在开具普通发票或外销发票之日起90日内，向税务机关申报办理出口货物退（免）税手续。

（3）生产企业出口货物未在报关出口90日内申报办理退（免）税手续的，如果其到期之日超过了当月的“免、抵、退”税申报期，税务机关可暂不按视同内销货物予以征税。但生产企业应当在次月“免、抵、退”税申报期内申报“免、抵、退”税，如仍未申报，应当视同内销货物予以征税。

（4）对生产企业出口政策规定不予退（免）税的货物、出口未按月申报的出口货物、超过规定申报期限出口的货物以及违反退（免）税有关管理规定出口的货物，应视同内销货物予以征税。视同内销征税的货物，按以下公式计提销项税额：

销项税额=（出口货物离岸价格×外汇人民币牌价）÷（1+法定增值税税率）×法定增值税税率

5.不得申报办理退（免）税的情况

根据规定，凡自营或委托出口业务具有以下情况之一者，出口企业不得将该业务向税务机关申报办理出口货物退（免）税：

（1）出口企业将空白的出口货物报关单、出口收汇核销单等出口退（免）税单证交由除签有委托合同的货代公司、报关行，或由国外进口方指定的货代公司（提供合同约定或者其他相关证明）以外的其他单位或个人使用的。

（2）出口企业以自营名义出口，其出口业务实质上是由本企业及其投资的企业以外的其他经营者（或企业、个体经营者及其他个人）假借该出口企业名义操作完成的。

（3）出口企业以自营名义出口，其出口的同一批货物既签订购货合同，又签订代理出口合同（或协议）的。

（4）出口货物在海关验放后，出口企业自己或委托货代承运人对该笔货物的海运提单(其他运输方式的，以承运人交给发货人的运输单据为准，下同）上的品名、规格等进行修改，造成出口货物报关单与海运提单有关内容不符的。

（5）出口企业以自营名义出口，但不承担出口货物的质量、结汇或退税风险的。出口货物发生质量问题不承担对方的索赔责任（合同中有约定质量责任承担者除外）；不承担未按期结汇导致不能核销的责任（合同中有约定结汇责任承担者除外）；不承担因申报出口退税的资料、单证等出现问题造成不退税的责任。

（6）出口企业未实质参与出口经营活动，接受并从事由中间人介绍的其他出口业务，但仍以自营名义出口的。

（7）其他违反国家有关出口退税法律法规的行为。

出口企业凡从事上述业务之一并申报退（免）税的，一经发现，该企业已退（免）税款予以追回，未退（免）税款不再办理。

四、生产企业“免、抵、退”税的计税依据及计算

生产企业自营或委托外贸出口（以下简称出口）自产货物，除另有规定外，增值税一律实行“免、抵、退”税管理办法，增值税小规模纳税人出口自产货物实行免征增值税办法，相关进项税额不予退还或抵扣。生产企业出口自产的属于应征消费税的产品，实行免征消费税办法，即不征不退。

“免”税，是指对生产企业出口的自产货物，免征本企业生产、销售环节增值税。

“抵”税，是指生产企业出口自产货物所耗用的原材料、零部件、燃料、动力等应予退还的进项税额，抵顶内销货物的应纳税额。

“退”税，是指生产企业出口的自产货物在当月内应抵顶的进项税额大于应纳税额时，对未抵顶完的部分予以退税。

1. 自营生产企业出口货物应退（免）增值税税额的计税依据

自营生产企业出口货物应退（免）增值税税额的计税依据为“离岸价”“海关已核销的免税进口料件组成计税价格”“当期进项税额”。

（1）采用“先征后退”办法计算出口退税的，退税计税依据为出口货物的离岸价乘以外汇人民币牌价，即为外销收入。

（2）采用“免、抵、退”办法计算出口退税的，退（免）税计税依据为当期进项税额或出口货物离岸价乘以外汇人民币牌价。

（3）有进料加工复出口货物的退税计税依据，首先是外销收入，除上述依据外，增加海关已核销免税进口料件的组成计税价格。

没有自营出口权的生产企业委托外经贸企业代理出口自产货物，退税依据可比照上述第（1）条办理。但小规模纳税人自营或委托出口的货物，一律免征增值税。

2. 出口货物应退（免）消费税税额的计税依据

有出口经营权的生产企业委托外经贸企业出口的消费税应税货物，依据其实际出口数量或出口收入予以免征消费税。

没有进出口经营权的生产企业委托外经贸企业代理出口的应税消费的货物，属从价定率计征的，按增值税计税价格为依据；属从量定额计征的，按出口数量为依据。另外，来料加工复出口货物的外销收入属于免税收入，不计算退税额。

3. 生产企业“免、抵、退”税的计算方法

（1）计算基本原则。

①将因为退税率低于征税率而不得在当期抵扣或退税的进项税额从全部进项税额中剔除，此部分增值税税额只能包含于出口货物的成本之中。

②计算内销货物的销项税额，但对出口货物的销售额不计算销项税额（因为出口货物适用零税率，所以没有销项税额），并以剔除后的当期进项税额抵扣内销货物的销项税额。如果抵扣完的，则不予退税并可能还要交税；只有在出现进项税额未抵扣完的情形下，才准予退税。

③在实际计算退税额时，应先算出一个参照数（即出口货物外销额×退税率），然后将未抵扣完的进项税额与此参照数进行比较，最后以相对较小的数额为退税额。

（2）计算基本公式。

生产企业出口货物退税，实行“免、抵、退”税办法，按照出口货物的离岸价（FOB价）和现行的退税率计算“免、抵、退”税额。一般出口贸易的具体步骤及计算公式如下：

①当期应纳税额的计算

$$\text{当期应纳税额}=\text{当期内销货物销项税额}-(\text{上期未抵扣完进项税额}+\text{当期进项税额}-\text{当期免抵退税不得免征和抵扣税额})$$

$$\text{当期免抵退税不得免征和抵扣税额}=\text{当期出口货物离岸价}\times\text{外汇人民币牌价}\times(\text{出口货物征税率}-\text{出口货物退税率})-\text{免抵退税不得免征和抵扣税额抵减额}$$

免抵退税不得免征和抵扣税额抵减额=免税购进原材料价格×（出口货物征税率−出口货物退税率）

由于增值税征税率与退税率之间的差异，应有一部分当期免抵退税不得免征和抵扣税额计入企业主营业务成本，那么，若生产企业当期生产产品耗用料件中有免税进口的，应

从当期免抵退税不得免征和抵扣税额中扣除。

财务经理提示

上述公式中，“当期出口货物离岸价”一般是指企业当期账面的出口销售收入。

在这一计算过程中，应当准确理解公式中的“当期进项税额”，它是生产企业当期出口货物和内销货物在生产过程中所耗用的原材料等购进时的进项税额；“免抵退税不得免征和抵扣税额抵减额”的含义是生产企业若有进料加工业务，购进料件免税，所生产的产品复出口自然不应退税，体现了“不征不退”的原则。

上述公式中，如果当期应纳税额大于0，表示期末无退税前留抵税额，即应退税款已全部抵扣，所以不可以办理退税，还应向税务机关缴纳内销等抵扣后差额的增值税；如果当期应纳税额小于0，表示期末有退税前留抵税额，可以全部或部分抵顶内销等应纳税额，不足以抵顶的部分可以办理退税，期末无须缴纳增值税；如果当期应纳税额等于0，表示期末无退税前留抵税额，即应纳税额已正好全部抵扣，所以也不可以办理退税，期末无须缴纳增值税。这里需要注意的是，只有生产企业的当期应纳增值税税额为负数时，才考虑退税的问题。

②当期免抵退税额的计算

当期免抵退税额=当期出口货物离岸价×外汇人民币牌价×出口货物退税率-免抵退税额抵减额

免抵退税额抵减额=免税购进原材料价格×出口货物退税率

免税购进原材料包括国内免税购进原材料和进料加工免税进口料件，其中进料加工免税进口料件的价格为组成计税价格，即货物到岸价加海关实征关税和消费税。

财务经理提示

上述公式中，“当期出口货物离岸价”一般是指企业当期申报退税并审核通过的出口销售收入。

③当期应退税额和免抵税额的计算

若当期期末留抵税额≤当期免抵退税额，则：

当期应退税额=当期期末留抵税额

当期免抵税额=当期免抵退税额-当期应退税额

若当期期末留抵税额>当期免抵退税额，则：

当期应退税额=当期免抵退税额

当期免抵税额=0

当期期末留抵税额根据当期增值税纳税申报表中的“期末留抵税额”确定。

[实例5-5] 兴隆公司生产的产品既有出口又有内销，出口实行“免、抵、退”税的办法。产品销售适用的税率为17%，出口产品的退税率为13%，当期出口产品600万美元，交单议付日银行美元汇率中间价为1美元=8元人民币，当期可抵扣的进项税额为6万元人民币，另外当期免税进口价值200万美元的材料（含关税等），用于生产出口产品。没有上期留抵税额。

(1) 当期应退税额大于0，说明以当期出口应退进项税额抵顶内销业务应纳税额之后，未抵顶完，还应缴纳一定金额的增值税，即不足抵顶。假设当期内销货物3 000万元。

①如果当期存在免税购进原材料或者进料加工免税进口料件，应先计算免抵退税不得免征和抵扣的进项税额抵减额，以进一步计算免抵退税不得免征和抵扣的税额；不存在免税购进原材料或者进料加工免税进口料件的，可省略。

免抵退税不得免征和抵扣税额=免税购进原材料价格×（出口货物征税率-出口货物退税率）

=200×8×（17％-13％）=64（万元）

②计算免抵退税不得免征和抵扣的税额。计算当期准予免税和抵扣的进项税额，以进一步确定当期的应纳税额。

$$\text{免抵退税不得免征和抵扣税额}=\text{出口货物离岸价}\times\text{外汇人民币牌价}\times(\text{出口货物征税率}-\text{出口货物退税率})-\text{免抵退税不得免征和抵扣税额抵减额}$$

=600×8×（17％-13％）-64=128（万元）

③计算当期的应纳税额。这一步骤实际上是“免抵”过程，或者称为“抵顶”过程，是以出口货物免抵退的进项税额抵顶内销货物的应纳税额。

当期应纳税额=当期内销货物销项税额-（当期进项税额-当期免抵退税不得免征和抵扣税额）

=3 000×17％-（600-128）=38（万元）

④计算当期的免抵退税额。

$$\text{当期免抵退税额}=\text{出口货物离岸价}\times\text{外汇人民币牌价}\times\text{出口货物退税率}-\text{免抵退税额抵减额}$$

$$=\text{出口货物离岸价}\times\text{外汇人民币牌价}\times\text{出口货物退税率}-\text{免税购进原材料价格}\times\text{出口货物退税率}$$

=600×8×13％-200×8×13％=416（万元）

⑤比较确定当期应纳税额、应退税额、免抵税额、免抵退税不得免征和抵扣税额。

当期不需要退税，当期实际抵顶税额=当期免抵退税额=416万元，期末实际留抵额=0。

解析：计算当期免抵退税额，将其与不予免税或抵扣的税额从进项税额中扣除，剩余的部分就是当期内销产品可以抵扣的进项税额。当期内销产品应纳税额=3 000×17％-（600-416-128）=454（万元），当期免抵退税额为416万元，所以不足抵顶，且当期还须缴纳税额38万元（454-416）。

（2）当期应纳税额小于等于0，说明内销产品应纳税额大于0但小于当期免抵退税额，则当期不须纳税且应予退税，即抵顶有余。

[实例5-6] 仍以 [实例5-5] 为例，假设当期内销货物2 000万元。

前述第①、②、④步骤不变，第③步骤计算结果为：

当期应纳税额=2 000×17％-（600-128）=-132（万元）

⑤比较确定当期应纳税额、应退税额、免抵税额、免抵退税不得免征和抵扣税额。

当期应纳税额小于等于0时，要将当期期末留抵税额与当期免抵退税额进行比较。在本例中，当期期末留抵税额即免抵退税额。

如果当期期末留抵税额≤当期免抵退税额，则：

当期应退税额=当期期末留抵税额

当期免抵税额=当期免抵退税额-当期应退税额

当期期末留抵税额=-当期应纳税额（132万元）<当期免抵退税额（420万元）

当期应退税额=当期期末留抵税额=-当期应纳税额（132万元）

当期免抵退税额-当期应退税额=420-132=288（万元）

期末实际留抵额=132-132=0

解析：当期应纳税额（-132万元）小于0，当期内销产品应纳税额大于0，即2 000×17%-（600-416-128）=284（万元），但小于当期免抵退税额（416万元），说明出口货物应退税额大于内销货物应纳税额，即抵顶有余。当期进项税额已全部抵扣，期末无实际留抵额。因为内销产品应纳税额大于0，所以当期实际应退税额=当期免抵退税额-内销货物应纳税额=-当期应纳税额（132万元）。

（3）当期应纳税额小于等于0，内销货物应纳税额小于0，应全部退还出口应退税额。这时，期末实际有留抵税额。

[案例5-7] 仍以 [实例5-5] 为例，假定当期内销货物100万元。

前述第①、②、④步骤不变，第③步骤计算结果为：

当期应纳税额=100×17%-（600-128）=-455（万元）

⑤比较确定当期应纳税额、应退税额、免抵税额、免抵退税不得免征和抵扣税额。

当期应纳税额小于等于0时，要将当期期末留抵税额与当期免抵退税额进行比较。在本例中，当期期末留抵税额即免抵退税额（455万元）大于当期免抵退税额（416万元）。

如果当期期末留抵税额>当期免抵退税额，则：

当期应退税额=当期免抵退税额=416万元

当期免抵税额=当期免抵退税额-实际退税额=416-416=0

当期留抵税额=455-416=39（万元）

解析：当期应纳税额（-455万元）小于0，且内销货物应纳税额小于0，即100×17%-（600-416-128）=-39（万元）。内销部分不须纳税且有未抵扣完的进项税额39万元留待以后期间抵扣，所以不需要以出口应退税额抵顶，即不需抵顶。当期实际应退税额=当期免抵退税额-内销货物应纳税额=当期免抵退税额。

4.生产企业进料加工复出口货物退增值税的计算方法

进料加工业务是指出口企业为加工出口产品而自行（或委托其他单位）从国外进口原辅材料、零部件，通过自行加工或以委托作价形式加工成品后再行复出口的业务。进料加工复出口货物的退税就退税环节来看，退税办法与一般贸易出口货物退税办法基本一致，但由于进料加工复出口货物在料件的进口环节存在着不同的减免税，因此，为了使复出口货物的退税额与国内实际征收的税额保持一致，在计算复出口货物的退税时，必须对减免税的进口料件实行进项扣税。现行的税收政策按照不同的企业类型，对进料加工业务规定了不同的处理方法。总的原则体现了对进口料件部分采取“不征不退”的政策，因此，进料加工复出口实际上是对国内增值部分办理“免、抵、退”税，只不过使用间接法：用复出口销售收入计算出来的免抵退税总额减去其中进口料件价值计算出来的免抵退税抵减额。

生产企业以进料加工贸易方式进口料件加工货物复出口的，对其进口料件应先根据海关核发的进料加工登记手册，填具进料加工贸易申请表，报主管其出口退税的税务机关同意盖章后，按照财税文件规定，计算当期不得免征和抵扣税额抵减额、当期免抵退税额抵减额，并调整计算当期不得免征和抵扣税额、当期免抵退税额。具体计算公式如下：

（1）免抵退税不得免征和抵扣税额的调整计算

$$\text{当期不得免征和抵扣税额}=\text{当期出口货物离岸价}\times\text{外汇人民币牌价}\times(\text{出口货物征税率}-\text{出口货物退税率})-\text{当期不得免征和抵扣税额抵减额}$$

$$\text{当期不得免征和抵扣税额抵减额}=\text{进料加工免税进口料件组成计税价格}\times(\text{出口货物征税率}-\text{出口货物退税率})$$

$$\text{进料加工免税进口料件组成计税价格}=\text{当期审核通过的进料加工复出口销售收入}\times\text{计划分配率（或实际分配率）}$$

这里的"当期出口货物离岸价"是指企业当期账面出口销售收入；"进料加工免税进口料件组成计税价格"实际就是当期审核通过的进料加工复出口货物中进口料件的成本。

（2）免抵退税额的调整计算

当期免抵退税额=当期出口货物离岸价×外汇人民币牌价×出口货物退税率-当期免抵退税额抵减额

当期免抵退税额抵减额=进料加工免税进口料件组成计税价格×出口货物退税率

这里的"当期出口货物离岸价"是指企业当期申报退税并审核通过的出口销售收入；"进料加工免税进口料件组成计税价格"实际就是当期审核通过的进料加工复出口货物中进口料件的成本。

（3）免税进口料件组成计税价格的计算

进料加工免税进口料件组成计税价格=货物到岸价+海关实征关税和消费税

免税进口料件组成计税价格就是进口料件的成本。在目前"免、抵、退"税管理中，免税进口料件组成计税价格使用间接法来确定：

$$\text{进料加工免税进口料件组成计税价格}=\text{当期审核通过的进料加工复出口销售收入}\times\text{计划分配率（或实际分配率）}$$

某产品计划分配率=本产品计划进口料件总值／本产品计划复出口货物总值

$$\text{某产品实际分配率}=\frac{\left(\text{本产品实际进口总值}-\text{本产品剩余边角余料金额}-\text{本产品结转至其他产品料件金额}-\text{本产品其他减少进口料件金额}\right)}{\left(\text{本产品直接出口总值}+\text{本产品结转至其他产品成品金额}+\text{本产品剩余残次成品金额}+\text{本产品其他减少出口成品金额}\right)}$$

所谓的分配率是指进口料件在复出口货物中所占的价值比重。在产品尚未核销时，使用计划分配率计算免抵退税抵减额和不予抵扣税额抵减额，并以此出具生产企业进料加工免税证明。在产品核销时，按照以上公式计算出实际分配率，再使用实际分配率计算出本产品真实的免抵退税抵减额和不予抵扣税额抵减额，再与已经按本产品计划分配率计算的免抵退税抵减额和不予抵扣税额抵减额进行比较，调整计算出本产品真实的免抵退税总额，并出具生产企业进料加工免税核销证明。

对从事进料加工贸易方式的生产企业未按规定向主管退税的税务机关申请办理进料加工贸易申请表的进料加工业务，主管征税的税务机关按以下公式计算不得免征和抵扣税额：

$$\text{当期不得免征和抵扣税额}=\text{当期出口货物离岸价}\times\text{外汇人民币牌价}\times\left(\text{出口货物征税率}-\text{出口货物退税率}\right)-\text{进料加工免税进口料件组成计税价格}\times\left(0-\text{出口货物退税率}\right)$$

五、生产企业"免、抵、退"税的会计处理

根据税法和会计法规的规定，生产企业增值税"免、抵、退"会计处理的主要内容是零税率、出口销售收入、不得抵扣税额、应交增值税、免抵退税不得抵扣税额、出口货物不得抵扣税额、应退税额以及免抵退税额的调整等事项。退税的实质，就是退"应交税费——未交增值税"账户借方余额的部分。

（一）账户设置

1.设置"应交税费"账户

出口企业应在"应交税费"账户下设置两个明细账户，一个是"应交税费——未交增

值税”账户，另一个是“应交税费——应交增值税”账户；并在“应交税费——应交增值税”二级账户下设置有关明细账户，如“出口抵减内销产品应纳税额”“出口退税”“进项税额转出”“转出多交增值税”等明细账户。

（1）“出口抵减内销产品应纳税额”明细账户。

按规定计算的应免、抵税额，借记本明细账户，贷记“应交税费——应交增值税（出口退税）”账户。

（2）“出口退税”明细账户。

本明细账户记录企业凭有关单证向税务机关申报办理出口退税而应收的出口退税款及应免、抵税额。出口货物应退回的增值税用蓝字登记，退税后又发生退货、退关而补缴的已退税款用红字登记。

（3）“进项税额转出”明细账户。

企业在核算出口货物免税收入的同时，对免税收入按征、退税率之差计算的不得抵扣税额，借记“主营业务成本”账户，贷记本明细账户。当月不得抵扣税额发生额合计数应与本月申报的生产企业出口货物“免、抵、退”税申报明细表中的不得抵扣税额合计数一致。企业收到税务机关出具的生产企业进料加工贸易免税证明后，按其注明的不得抵扣税额抵减额作上述会计分录。企业支付国外运保费时，按出口货物征、退税率之差计算的分摊额，也作上述会计分录。

（4）“转出多交增值税”明细账户。

本明细账户对按批准数进行会计处理的，月末转出数为当期期末留抵税额；对按申报数进行会计处理的，月末转出数为按公式计算的结转下期继续抵扣的进项税额。月末将多交增值税转出后，本明细账户借方余额为尚未抵扣的进项税额。

（5）“未交增值税”明细账户。

本明细账户借方登记转入本月多交增值税、期末留抵税额以及上缴前期应交未交增值税，贷方登记本月应交未交增值税。

2.设置销售账户

生产企业产品销售应按内销、外销分别设账，对自营出口销售、委托代理出口销售应分别设置明细账户，并对不同征税率、不同退税率的出口销售分设账页。

（二）生产企业增值税“免、抵、退”的账务处理

生产企业“免、抵、退”税的会计核算，根据业务流程主要可分为免税出口销售收入的核算、不予抵扣税额的核算、应交税费的核算、进料加工不予抵扣税额抵减额的核算、出口免抵税额和应退税额的核算以及免抵退税调整的核算。

根据现行会计制度的规定，对出口货物“免、抵、退”税的核算，主要涉及“应交税费——应交增值税”“应交税费——未交增值税”“应交税费——增值税检查调整”“其他应收款”账户。其中，“应交税费——应交增值税”账户的借方有“进项税额”“已交税金”“减免税金”“出口抵减内销产品应纳税额”“转出未交增值税”五个专栏，贷方有“销项税额”“出口退税”“进项税额转出”“转出多交增值税”四个专栏。需要注意的是，这些专栏核算时借贷方是固定的，增加用蓝字，减少用红字。

一般情况下，出口企业取得主管退税机关出具的《生产企业出口货物免抵退税审批通知单》后，根据上面注明的免抵税额、应退税额，分别借记“应交税费——应交增值税

(出口抵减内销产品应纳税额)”和“其他应收款”账户，根据上面注明的免抵退税总额，贷记“应交税费——应交增值税(出口退税)”账户。取得主管退税机关出具的《生产企业进料加工免税证明》和《生产企业进料加工免税核销证明》后，根据上面注明的不予抵扣税额抵减额，红字借记“主营业务成本”账户，贷记“应交税费——应交增值税(进项税额转出)”账户。

实行“免、抵、退”税办法的企业，购进用于加工出口货物的材料价款、运杂费等，借记“在途物资”账户，按增值税专用发票上注明的进项税额，借记“应交税费——应交增值税(进项税额)”账户，按应付或实际支付的金额，贷记“应付账款”“应付票据”“银行存款”等账户。对可抵扣的运费按11%计算的进项税额，借记“应交税费——应交增值税(进项税额)”账户，贷记“在途物资”账户。

加工货物出口销售后，结转主营业务成本时，借记“主营业务成本”账户，贷记“库存商品”账户；企业按规定的增值税征收率与退税率之差计算的出口货物不得免征和抵扣税额，借记“主营业务成本”账户，贷记“应交税费——应交增值税(进项税额转出)”账户；用全部进项税额中剔除出口货物不得免征和抵扣税额后的余额去抵减内销货物的销项税额，即为当期应纳税额或当期留抵税额。月末对当期应纳税额，借记“应交税费——转出未交增值税”账户，贷记“应交税费——未交增值税”账户；申报入库时，借记“应交税费——未交增值税”账户，贷记“银行存款”账户。

对按规定计算出的当期应退税额，借记“其他应收款——应收出口退税”账户，按当期免抵税额，借记“应交税费——应交增值税(出口抵减内销产品应纳税额)”账户，按当期免抵退税额，贷记“应交税费——应交增值税(出口退税)”账户。此项会计处理，一般是在取得主管退税机关出具的《生产企业免抵退税审批通知单》后进行。

收到税务机关退回的增值税税额，借记“银行存款”账户，贷记“其他应收款——应收出口退税”账户。

生产企业已办理退税和免抵税的出口货物发生退关、退货的，应及时到其所在地主管出口退税的税务机关申请办理《出口货物退运已办结税务证明》，交纳已退的税款，调整已免抵税额，并作相反的会计分录冲减销售收入和销售成本，调整不得免征和抵扣税额。

1. 我国目前税法上对“免、抵、退”税办法有以下三步处理计算公式：

(1) $\text{当期应纳税额}=\text{当期内销货物销项税额}-(\text{当期进项税额}-\text{当期免抵退税不得免征和抵扣税额})-\text{上期留抵税额}$

(2) 当期免抵退税额=出口货物离岸价×外汇人民币牌价×出口货物退税率

(3) 当期免抵税额=当期免抵退税额-当期应退税额

2. 针对我国税法的规定，目前会计上对实行“免、抵、退”税政策的账务处理有以下三种相应处理办法：

(1) 应纳税额为正数，即免抵后仍应缴纳增值税，免抵税额=免抵退税额，没有可退税额(因为没有留抵税额)。此时，账务处理如下：

借：应交税费——应交增值税(转出未交增值税)

　贷：应交税费——未交增值税

借：应交税费——应交增值税(出口抵减内销产品应纳税额)

　贷：应交税费——应交增值税(出口退税)

（2）应纳税额为负数，即期末有留抵税额，对于未抵顶完的进项税额，不作会计分录；当留抵税额大于免抵退税额时，可全部退税，免抵税额为0。此时，账务处理如下：

借：其他应收款——应收出口退税

　贷：应交税费——应交增值税（出口退税）

（3）应纳税额为负数，即期末有留抵税额，对于未抵顶完的进项税额，不作会计分录；当留抵税额小于免抵退税额时，可退税额为留抵税额，免抵税额=免抵退税额-留抵税额。此时，账务处理如下：

借：其他应收款——应收出口退税

　应交税费——应交增值税（出口抵减内销产品应纳税额）

　贷：应交税费——应交增值税（出口退税）

通过以上三种情况的分析与处理可以看出，如果不计算出免抵税额，会计处理上将无法平衡。

[实例5-8] 2016年8月，某生产型外商投资企业出口销售额（CIF价）120万美元，预计运保费20万美元，本期单证和信息不齐出口销售额30万美元，内销销售收入(不含税价）200万元人民币，当期进项发生额110万元人民币，上期无留抵税款。该企业销售货物的增值税税率适用17%，退税率适用13%，交单议付日银行美元汇率中间价为1美元=6.82元人民币。该企业作当期账务处理如下：

（1）确认出口销售收入时：

借：应收账款——应收外汇账款——美元——××进口商（USD1 200 000×6.82）　8 184 000

　贷：主营业务收入——自营出口销售收入（（USD1 200 000-USD200 000）×6.82）　6 820 000

　　其他应付款——运保费（USD200 000×6.82）　1 364 000

（2）确认内销销售收入时：

借：应收账款——××公司（USD2 000 000×（1+17%））　2 340 000

　贷：主营业务收入——内销收入　2 000 000

　　应交税费——应交增值税（销项税额）　340 000

（3）采购原材料入库时：

借：原材料（1 100 000÷17%）　6 470 588

　应交税费——应交增值税（进项税额）　1 100 000

　贷：应付账款——××公司　7 570 588

（4）计算免抵退税不得免征和抵扣税额时：

免抵退税不得免征和抵扣税额 =［出口销售额（CIF价）-运保费］×汇率×（征税率-退税率）

=（1 200 000-200 000）×6.82×（17%-13%）=272 800（元）

借：主营业务成本——自营出口销售成本　272 800

　贷：应交税费——应交增值税（进项税额转出）　272 800

（5）计算应退税额、免抵税额时：

当期应纳税额=当期内销货物销项税额-(上期未抵扣完进项税额+当期进项税额-当期免抵退税不得免征和抵扣税额)

=340 000-(1 100 000-272 800)=-487 200(元)

期末留抵税额=487 200元

免抵退税额=[出口销售额(CIF价)-运保费-单证和信息不齐出口销售额]×汇率×退税率

=(1 200 000-200 000-300 000)×6.82×13%=620 620(元)

由于期末留抵税额小于免抵退税额,则:

应退税额=期末留抵税额=487 200元

免抵税额=免抵退税额-应退税额=620 620-487 200=133 420(元)

(6)计算应退税额、免抵税额时:

借:其他应收款——应收出口退税　487 200

　应交税费——应交增值税(出口抵减内销产品应纳税额)　133 420

　贷:应交税费——应交增值税(出口退税)　620 620

(7)收到退税款时:

借:银行存款　487 200

　贷:其他应收款——应收出口退税　487 200

[实例5-9] 仍以[实例5-8]为例,该企业2016年9月出口销售额(FOB价)80万美元,其中本期单证和信息不齐出口销售额40万美元,当月收到2016年8月出口货物报关单(退税专用联)10万美元(FOB价)且税务反馈信息齐全,当月内销销售收入(不含税价)200万元人民币,当期进项发生额110万元人民币,当月支付上月出口货物的运保费2万美元。该企业销售货物的增值税税率适用17%,退税率适用13%,交单议付日银行美元汇率中间价为1美元=6.80元人民币。该企业作当期账务处理如下:

(1)确认出口销售收入时:

借:应收账款——应收外汇账款——美元——××进口商(USD800 000×6.80)

　5 440 000

　贷:主营业务收入——自营出口销售收入　5 440 000

(2)确认内销销售收入时:

借:应收账款——××公司　2 340 000

　贷:主营业务收入——内销收入　2 000 000

　　应交税费——应交增值税(销项税额)　340 000

(3)采购原材料入库时:

借:原材料　6 470 588

　应交税费——应交增值税(进项税额)　1 100 000

　贷:应付账款——××公司　7 570 588

(4)计算免抵退税不得免征和抵扣税额时:

免抵退税不得免征和抵扣税额=出口销售额(FOB价)×汇率×(征税率-退税率)

=800 000×6.80×(17%-13%)=217 600(元)

借:主营业务成本——自营出口销售成本　217 600

　贷:应交税费——应交增值税(进项税额转出)　217 600

(5)计算应退税额、免抵税额时:

$$当期应纳税额=当期内销货物销项税额-\left(上期未抵扣完进项税额+当期进项税额-当期免抵退税不得免征和抵扣税额\right)$$

=340 000-（1 100 000-217 600）=-542 400（元）

期末留抵税额=542 400元

$$免抵退税额=\left[本期出口销售额（FOB价）-本期单证和信息不齐出口销售额+本期收齐以前各期单证和信息出口销售额\right]\times 汇率\times 退税率$$

=（800 000-400 000+100 000）×6.80×13%=442 000（元）

由于期末留抵税额大于免抵退税额，则：

应退税额=免抵退税额=442 000元

免抵税额=免抵退税额-应退税额=442 000-442 000=0

借：其他应收款——应收出口退税　442 000

　贷：应交税费——应交增值税（出口退税）　442 000

（6）支付2016年8月的运保费票据时：

借：其他应付款——运保费（USD200 000×6.82）　1 364 000

　贷：银行存款——美元户（USD200 000×6.80）　1 360 000

　　财务费用——汇兑损益　4 000

（7）收到退税款时：

借：银行存款　442 000

　贷：其他应收款——应收出口退税　442 000

［实例5-10］仍以［实例5-9］为例，该企业2016年10月出口销售额（FOB价）90万美元，其中当月出口的30万美元未拿到出口报关单（退税专用联），当月收到2016年8月出口货物报关单（退税专用联）20万美元（FOB价）和2016年9月出口货物报关单（退税专用联）30万美元（FOB价），内销销售收入（不含税价）2 000万元人民币，当期进项发生额60万元人民币，收到2016年8月出口货物货款100万美元。该企业收款当日银行美元汇率中间价为1美元=6.82元人民币，销售货物的增值税税率适用17%，退税率适用13%，交单议付日银行美元汇率中间价为1美元=6.81元人民币。该企业作当期账务处理如下：

（1）确认出口销售收入时：

借：应收账款——应收外汇账款——美元——××进口商（USD900 000×6.81）

　6 129 000

　贷：主营业务收入——自营出口销售收入　6 129 000

（2）确认内销销售收入时：

借：应收账款——××公司　23 400 000

　贷：主营业务收入——内销收入　20 000 000

　　应交税费——应交增值税（销项税额）　3 400 000

（3）采购原材料入库时：

借：原材料　3 529 412

　　应交税费——应交增值税（进项税额）　600 000

　贷：应付账款——××公司　4 129 412

（4）计算免抵退税不得免征和抵扣税额时：

免抵退税不得免征和抵扣税额=出口销售额（FOB价）×汇率×（征税率−退税率）

=900 000×6.81×（17%−13%）=245 160（元）

借：主营业务成本——自营出口销售成本　245 160

　贷：应交税费——应交增值税（进项税额转出）　245 160

（5）计算应退税额、免抵税额时：

当期应纳税额=当期内销货物销项税额−（上期未抵扣完进项税额+当期进项税额−当期免抵退税不得免征和抵扣税额）

=3 400 000−（542 400−442 000+600 000−245 160）=2 944 760（元）

免抵退税额=（本期出口销售额−本期单证和信息不齐出口销售额+本期收齐以前各期单证和信息出口销售额）×汇率×退税率

=（900 000−300 000+200 000+300 000）×6.81×13%=973 830（元）

根据计算的应纳税额，编制会计分录如下：

借：应交税费——应交增值税（转出未交增值税）　2 944 760

　贷：应交税费——未交增值税　2 944 760

根据计算的免抵税额，编制会计分录如下：

借：应交税费——应交增值税（出口抵减内销产品应纳税额）　973 830

. 贷：应交税费——应交增值税（出口退税）　973 830

（6）收到货款时：

借：银行存款——美元户（USD1 000 000×6.82）　6 820 000

　贷：应收账款——应收外汇账款——美元——××进口商　6 820 000

[实例5-11] 兴隆公司为具有进出口经营权的生产企业，对自产货物经营出口销售及国内销售。该企业2016年1月购进所需原材料等货物，允许抵扣额68万元，内销产品取得销售额240万元（不含税），出口价折合人民币1 920万元，上期留抵税额3万元。增值税税率适用17%，退税率适用15%。该公司作账务处理如下：

（1）外购原材料等货物时：

借：原材料　4 000 000

　　应交税费——应交增值税（进项税额）　680 000

　贷：银行存款　4 680 000

（2）产品外销时（免征本销售环节的销项税额）：

借：应收账款——应收外汇账款——美元——××进口商　19 200 000

　贷：主营业务收入——自营出口销售收入　19 200 000

（3）产品内销时：

借：银行存款　2 808 000

　贷：主营业务收入——内销收入　2 400 000

　　应交税费——应交增值税（销项税额）　408 000

（4）月末计算当月出口货物不予抵扣和退税税额时：

不得免征和抵扣税额=当期出口货物离岸价×人民币外汇牌价×（征税率−退税率）

=1 920×（17%−15%）=38.4（万元）

借：主营业务成本——自营出口销售成本　384 000

　贷：应交税费——应交增值税（进项税额转出）　384 000

（5）计算当期应纳税额或当期期末留抵税额时：

当期应纳税额=当期内销货物销项税额－（当期进项税额+上期留抵税额－当期不予抵扣或退税税额）

=240×17%－［78.8+3－1 920×（17%－15%）］=－2.6（万元）

由于当期应纳税额小于0，说明当期期末留抵税额为2.6万元，不作会计分录。

（6）计算当期应退税额和当期免抵税额时：

当期免抵退税额=（出口货物离岸价×外汇人民币牌价－免税购进原材料）×出口货物退税率

=1 920×15%=288（万元）

当期期末留抵税额（2.6万元）<当期免抵退税额（288万元）时，当期应退税额=当期期末留抵税额=2.6万元，当期免抵税额=当期免抵退税额－当期应退税额=288－2.6=285.4（万元）。

借：其他应收款——应收出口退税　26 000

　　应交税费——应交增值税（出口抵减内销产品应纳税额）

　　2 854 000

　贷：应交税费——应交增值税（出口退税）　2 880 000

（7）收到退税款时：

借：银行存款　26 000

　贷：其他应收款——应收出口退税　26 000

［案例5-12］仍以［案例5-11］为例，假设本期外购货物的进项税额为480万元，其他不变。该公司作账务处理如下：

第（1）～（4）步的会计分录同［案例5-11］，其余账务处理如下：

（5）计算当期应纳税额或当期期末留抵税额时：

当期应纳税额=当期内销货物销项税额－（当期进项税额+上期留抵税额－当期不予抵扣或退税税额）=240×17%－［480+3－1 920×（17%－15%）］=－403.8（万元），不作会计分录。

（6）计算当期应退税额和当期免抵税额时：

当期免抵退税额=（出口货物离岸价×外汇人民币牌价－免税购进原材料）×出口货物退税率

=1 920×15%=288（万元）

当期期末留抵税额（403.8万元）>当期免抵退税额（288万元）时，当期应退税额=当期免抵税额=288万元，当期免抵税额=当期免抵退税额－当期应退税额=288－288=0。

借：其他应收款——应收出口退税　2 880 000

　贷：应交税费——应交增值税（出口退税）　2 880 000

（7）收到退税款时：

借：银行存款　2 880 000

　贷：其他应收款——应收出口退税　2 880 000

［上岗试一试5］

一、入职基本知识测试题

1.什么是出口货物退（免）税？出口货物退（免）税的作用有哪些？它应遵循什么原则？

2.我国对出口货物退（免）税的退税范围和退税地点有哪些规定？

3.办理出口货物退（免）税主要涉及哪些凭证和资料？

4.有进出口权的生产企业其应退增值税税额是如何计算的？它与商品流通企业计算应退增值税税额的方法有何不同？

5.我国目前对出口应退消费税是如何规定的？

6.我国对代理出口的退（免）税有何规定？

二、职业能力测试题

[实训1] 兴隆鹿公司为一家有进出口权的生产型公司，记账本位币为人民币，外币交易采取交易日即期汇率折算。该公司本月发生以下经济业务：

（1）外购生产用材料一批，取得增值税发票，进价400万元，增值税税率17%。

（2）内销商品一批，售价650万元，增值税税率17%，开出增值税发票。

（3）外销商品一批，出口价30万美元，当日银行美元即期汇率为1美元=7.25元人民币，货款尚未收到。

（4）公司福利部门领用自产产品一批，价格5万元。

要求：

（1）假设该公司出口退税率为9%，根据以上业务资料计算本月应退或应纳的增值税税额。

（2）编制以上经济业务的会计分录。

[实训2] 佳捷公司是一家有进出口权的生产型公司，记账本位币为人民币，外币交易采取交易日即期汇率折算。本年各期有关业务资料如下（5月月初无留抵税额）：

（1）5月份：

①出口一批货物FOB价50万美元，退税率7%；

②内销一批货物，售价500万元（不含税价），增值税税率17%；

③购进一批原料，金额600万元（不含税价），增值税税率17%。

（2）6月份：

①出口一批货物FOB价80万美元，退税率9%；

②内销一批货物，售价200万元（不含税价），增值税税率17%；

③购进一批原料，金额800万元（不含税价），增值税税率17%。

要求：

假设上列各项业务涉及外汇当日银行美元即期汇率均为1美元=7.96元人民币，分别计算上列各期应纳税额和应退税额。

知识链接（一）生产企业常见“免、抵、退”税单证办理

生产企业开展进料加工业务以及“免、抵、退”税凭证丢失需要办理有关证明的，在“免、抵、退”税申报期内申报办理。生产企业出口货物发生退运的，可以随时申请办理有关证明。

1.《生产企业进料加工贸易免税证明》的办理

（1）进料加工业务的登记。开展进料加工业务的企业，在第一次进料之前，应持进料加工贸易合同、海关核发的《进料加工登记手册》，并填报《生产企业进料加工登记申报

表》，向退税部门办理登记备案手续。

（2）《生产企业进料加工贸易免税证明》的出具。开展进料加工业务的生产企业在向退税部门申报办理“免、抵、退”税时，应填报《生产企业进料加工进口料件申报明细表》，退税部门按规定审核后出具《生产企业进料加工贸易免税证明》。

采用实耗法的《生产企业进料加工贸易免税证明》按当期全部（包括单证不齐全部分）进料加工贸易方式出口货物所耗用的进口料件组成计税价格计算出具；采用购进法的《生产企业进料加工贸易免税证明》按当期全部购进的进口料件组成计税价格计算出具。

（3）进料加工业务的核销。生产企业《进料加工登记手册》最后一笔出口业务在海关核销之后、《进料加工登记手册》被海关收缴之前，持手册原件及《生产企业进料加工海关登记手册核销申请表》到退税部门办理进料加工业务核销手续。退税部门根据进口料件和出口货物的实际发生情况出具《进料加工登记手册》核销后的《生产企业进料加工贸易免税证明》，与当期出具的《生产企业进料加工贸易免税证明》一并参与计算。

2.其他“免、抵、退”税单证的办理

（1）《补办出口货物报关单证明》。生产企业遗失《出口货物报关单（出口退税专用）》需向海关申请补办的，可在出口之日起6个月内凭主管退税部门出具的《补办出口报关单证明》，向海关申请补办。

生产企业在向主管退税部门申请出具《补办出口货物报关单证明》时，应提交下列凭证资料：

①关于申请出具《补办出口货物报关单证明》的报告。②出口货物报关单（其他未丢失的联次）。③出口收汇核销单（出口退税专用）。④出口发票。⑤主管退税部门要求提供的其他资料。

（2）《补办出口收汇核销单证明》。生产企业遗失《出口收汇核销单（出口退税专用）》需向主管外汇管理局申请补办的，可凭主管退税部门出具的《补办出口收汇核销单证明》，向外汇管理局提出补办申请。

生产企业在向主管退税部门申请出具《补办出口收汇核销单证明》时，应提交下列凭证资料：

①关于申请出具《补办出口收汇核销单证明》的报告。②出口货物报关单（出口退税专用）。③出口发票。④主管退税部门要求提供的其他资料。

（3）《代理出口未退税证明》。委托方（生产企业）遗失受托方（外资企业）主管退税部门出具的《代理出口货物证明》需申请补办的，应由委托方先向其主管退税部门申请出具《代理出口未退税证明》。

委托方（生产企业）在向其主管退税部门办理《代理出口未退税证明》时，应提交下列凭证资料：

①关于申请出具《代理出口未退税证明》的报告。②受托方主管退税部门已加盖“已办代理出口货物证明”戳记的出口货物报关单（出口退税专用）。③出口收汇核销单（出口退税专用）。④代理出口协议（合同）副本及复印件。⑤主管退税部门要求提供的其他资料。

（4）《出口货物退运已办结税务证明》。生产企业在出口货物报关离境、因故发生退运且海关已签发《出口货物报关单（出口退税专用）》的，须凭其主管退税部门出具的《出口货物退运已办结税务证明》，向海关申请办理退运手续。若退运货物由于单证不齐等原因已视同内销货物征税的，则不需补缴税款。

生产企业向主管退税部门申请办理《出口货物退运已办结税务证明》时，应提交下列凭证资料：

①关于申请出具《出口货物退运已办结税务证明》的报告。②出口货物报关单（出口退税专用）。③出口收汇核销单（出口退税专用）。④出口发票。⑤主管退税部门要求提供的其他资料。

知识链接（二）代理出口业务的退（免）税

一、代理出口货物退税证明办理规定

委托代理出口业务，由委托方办理退税，受托方应向委托方提供《代理出口货物证明》。一般情况下，《代理出口货物证明》由受托代理出口企业在代理出口货物已实际结汇后，到主管出口退税的税务机关办理。税务机关应及时录入证明的有关内容，并与有关电子数据核对无误后出具。在办理《代理出口货物证明》时，受托代理出口企业应提供下列凭证资料：

1.委托代理出口协议。

2.受托方代理出口的出口货物报关单（出口退税专用）。

3.出口货物外销发票。

4.出口货物收汇核销单（出口退税专用），协议规定由委托方收汇核销的除外。

出口企业将代理出口的货物与其他出口货物一并报关出口或收汇核销的，还应附送出口货物报关单或出口收汇核销单原件和复印件各一份。

二、委托代理出口货物退（免）税规定

1.准予办理退税的企业范围及货物范围

（1）生产企业的自产货物（含扩散产品、协作生产产品、国家规定的贵重货物）。

（2）有出口经营权的商业、外贸等企业收购的按规定准予退税的货物。

对无出口经营权的流通性公司经营的货物及生产企业外购货物委托出口企业代理出口的，一律不予办理退税。

委托方在申请办理退（免）税时，必须提供下列凭证资料：

①代理出口货物证明。

②出口货物报关单（出口退税专用）。

③出口货物收汇核销单（出口退税专用），协议规定由受托方收汇核销的除外。

④代理出口协议（合同）副本。

⑤出口货物销售明细账。

受托方将代理出口的货物与其他货物一并报关或收汇核销的，委托方申请退税时必须提供经受托方主管出口退税税务机关签章后的出口货物报关单（出口退税专用）或出口货物收汇核销单（出口退税专用）复印件。

2.代理出口货物退（免）税规定

代理出口货物退（免）税的计算，根据退税税款归属原则，应在代理出口货物的委托方进行。

(1) 委托方是生产企业的退（免）税规定

若委托方是生产企业（不论生产企业是否具有进出口经营权），其委托代理出口货物比照生产企业的自营出口货物，分不同情况按“先征后退”或“免、抵、退”办法计算退（免）税款。

若委托方属于小规模纳税人，其委托代理出口的货物一律免征增值税、消费税，其进项税额不予抵扣或退税。

(2) 委托方是有出口经营权的其他企业的退（免）税规定

根据现行政策规定，委托方是有出口经营权的其他企业，如外贸企业、工贸企业等，代理出口货物的应退税款应依据该货物增值税专用发票的金额和相关退税率计算确定。

委托出口企业在申请办理退（免）税时，须提供下列凭证资料：

①《代理出口货物证明》。《代理出口货物证明》由受托方开具并经主管其退税的税务机关签章后，由受托方交委托方。代理出口协议约定由受托方收汇核销的，税务机关必须在外汇管理局办完外汇核销手续后，方能签发《代理出口货物证明》，并在《代理出口货物证明》上注明“收汇已核销”字样。《代理出口货物证明》由各省、自治区、直辖市、计划单列市国家税务局印制。

②受托方代理出口的《出口货物报关单（出口退税专用）》。受托方将代理出口的货物与其他货物一并报关出口的，委托方必须提供《出口货物报关单（出口退税专用）》复印件。

③《出口收汇核销单（出口退税专用）》。代理出口协议约定由受托方收汇的，委托方必须提供受托方的《出口收汇核销单（出口退税专用）》。受托方将代理出口的货物与其他货物一并销售给外商的，委托方必须提供《出口收汇核销单（出口退税专用）》复印件。

④代理出口协议副本。

⑤销售明细账。

知识链接（三）外经贸企业单证的管理

一、外经贸企业出口货物需备案单证

外经贸企业出口属于退（免）增值税或消费税的货物，最迟应在申报出口货物退（免）税后15天内，将下列出口货物单证在企业财务部门备案，以备税务机关核查。

1.外经贸企业购货合同（包括一笔购销合同下签订的补充合同）

外经贸企业购货合同是指国内出卖人转移标的物的所有权于国内买受人，买受人支付价款的合同。属于一笔购销合同项下多次出口的货物，可在第一次出口时予以备案，其余出口的可在《出口货物备案单证目录》的“备案单证存放处”中注明第一次购销合同备案的地点。

2.出口货物明细单

出口货物明细单又称货物出运分析单或者信用证分析单。在出口交易中，对国外开来的信用证等凭证审核无误并准备发货的情况下，为了使有关部门经办人在备货和办理其他各种手续时熟悉和了解该笔交易要求，通常根据信用证（或工厂发货单、出库单等）的主要内容编制出口货物明细单一式数份，分发给各有关单位或部门。

3.出口货物装货单

出口货物装货单是出口货物托运中的一张重要单据，它既是托运人向船方（或陆路运输单位）交货的凭证，也是海关凭以验关放行的证件。只有经海关签章后的装货单，船方（或陆路运输单位）才能收货装船、装车等。因此，在实际业务中装货单又称为“关单”。

4.出口货物运输单据

出口货物运输单据包括海运提单、航空运单、铁路运单、货物承运收据、邮政收据等承运人出具的货物收据。

（1）海运提单是承运人或其代理人收到货物后签发给托运人的，允诺将该批货物运至指定目的港交付给收货人的一张书面凭证。每份正本提单的效力是同等的，只要其中一份凭以提货，其他各份立即失效。海运提单是国际运输中十分重要的单据，也是买卖双方货物交接、货款结算最基本的单据。海运提单、运单或收据都属于运输单据，除海上运输称作“海运提单”外，其他运输方式称作“运单”或“收据”。

（2）航空运单是托运人和承运人之间就航空运输货物所订立的运输契约，是承运人出具的货物收据，不是货物所有权的凭证，不能转让流通。

（3）铁路运单是铁路部门与货主之间缔结的运输契约，不代表货物所有权，不能流通转让，不能凭以提取货物。其中，“货物交付单”联次随同货物至到站，并留存到达站；“运单正本”“货物到达通知单”联次随同货物至到站，和货物一同交给收货人。铁路运单上面载出口合同号。

（4）货物承运收据也是托运人和承运人之间订立的运输契约，是我国内地运往港澳地区货物所使用的一种运输单据，是承运人出具的货物收据，上面载有出口发票号、出口合同号。其中，“收货人签收”栏由收货人在提货时签收，表明已收到货物。

（5）邮政收据是货物收据，是收件人凭以提取邮件的凭证。

二、单证备案方式

外经贸企业出口货物应按规定采取下列两种单证备案方式：

第一种方式：由外经贸企业按出口货物退（免）税申报顺序，将备案单证对应装订成册，统一编号，并填写《出口货物备案单证目录》。

对有下列情形之一的，自发生之日起2年内，出口企业申报出口货物退（免）税后，必须按出口货物退（免）税申报顺序，将备案单证对应装订成册，统一编号，并填写《出口货物备案单证目录》：

（1）纳税信用等级评定为C级或D级的。

（2）未在规定期限内办理出口退（免）税登记的。

（3）财务会计制度不健全，日常申报出口货物退（免）税时多次出现错误或不准确情况的。

（4）办理出口退（免）税登记不满1年的。

（5）有偷税、逃避追缴欠税、骗取出口退税、抗税、虚开增值税专用发票等涉税违法行为记录的。

（6）有违反税收法律、法规及出口退（免）税管理规定其他行为的。

第二种方式：由外经贸企业按出口货物退（免）税申报顺序，填写《出口货物备案单证目录》，不必将备案单证对应装订成册，但必须在《出口货物备案单证目录》的“备案单证存放处”栏内注明备案单证存放地点，如企业内部单证管理部门、财务部门等。不得将备案单证交给企业业务员（或其他人员）个人保存，必须存放在企业。

三、外经贸企业出口货物单证备案要求

外经贸企业出口货物单证备案应符合下列要求：

1.备案单证应是原件，如无法备案原件，可备案由经办人签字声明与原件相符，并加盖企业公章的复印件。

2.除另有规定外，备案单证由出口企业存放和保管，不得擅自损毁，保存期为5年。

模块六

外经贸企业期末会计工作

学习目标

熟知外经贸企业财务报表体系及境外经营财务报表折算原则，掌握出口主要商品成本及盈亏表的编制方法，掌握进口主要商品销售利润表的编制方法，掌握财务指标月报表的编制方法，能编制外经贸企业专项会计报表。

项目一　外经贸企业财务报表

任务一　熟知外经贸企业财务报告基本知识

一、财务报告的概念

财务报告是指企业对外提供的反映企业某一特定日期的财务状况（financial situations）和某一会计期间的经营成果（operating results）、现金流量（cash flows）等会计信息的文件。它是企业根据日常的会计核算资料进行归集、加工和汇总后编制而成的，是会计核算工作的阶段性总结，是企业对外提供财务信息的主要形式。

二、财务报告的内容

财务报告包括会计报表（financial statements）及其附注（notes）和其他应当在财务报告中披露的相关信息和资料。其中，会计报表是财务报告的主干部分，它是以企业的会计账簿记录和有关资料为依据，按照规定的格式、内容和填报要求定期编制并对外报送的，以货币为计量单位，总括地反映企业财务状况、经营成果和现金流量的书面报告文件。由于它一般以表格的形式简明扼要地体现出来，因而称为财务报表。企业向外提供的财务报表至少应包括资产负债表（balance sheet）、利润表（income statement）、现金流量表（cash flow statement）、所有者权益（或股东权益，下同）变动表（statement of changes in owners' equity）、附注（notes）等。

三、财务报告的分类

外经贸企业的财务报表按照报送对象的不同，可以分为外部报表（external statements）和内部报表（internal statements）。外部报表是为满足企业外部投资者、债权人和政府有关部门了解企业财务状况、经营成果、现金流量的需要而定期对外提供的财务报表，主要包括资产负债表、利润表、现金流量表、所有者权益变动表及附注（即“四表一注”）。内部报表是为满足企业内部经营管理的需要而报送企业内部职能部门和决策人的财务报表，主要包括成本报表和有关附表以及企业预算、计划、业绩考评等报表。

内部报表与外部报表相比，具有以下两大特点：

1.灵活性

内部报表在编制时间、编制方法等方面受相关法律的约束较少，企业可以根据需要自行设计格式，为企业内部管理提供参考信息。

2.时效性

内部报表不对外公开，主要对企业的重点业务运行情况、重点财务指标等信息进行检测，及时发现经营管理过程中的问题。

任务二　熟知外经贸企业财务报表的作用

企业编制财务报表的目的是向财务报表使用者提供与企业财务状况、经营成果和现金流量等有关的会计信息，反映企业管理层受托责任履行情况，有助于财务报表使用者作出经济决策，促进社会资源的合理配置，为国家和社会公众服务。财务报表的作用主要体现在以下三个方面：

1.财务报表可以为投资者（investors）和债权人（creditors）进行决策提供重要信息

企业的投资者和债权人利用企业的财务报表，可以了解、掌握企业的经营状况、资产负债状况、偿债能力等各方面的财务信息，作为投资或贷款决策的依据。

2.财务报表可以为国家经济管理部门进行宏观调控和管理提供重要信息

政府有关部门可以通过分析财务报表所提供的信息，检查和评价有关政策的制定是否科学，监督检查企业税金解缴情况，检查企业出口退税执行情况等，为国家执行监督管理和宏观调控提供重要的决策依据。

3.财务报表为企业加强和改善经营管理提供重要信息

企业管理当局通过查看分析企业的财务报表，可以全面、系统地了解企业的生产经营情况、财务状况和经营成果，不断提高企业的经营管理水平和参与国际竞争的能力，不断降低出口商品的成本和费用，为提高出口创汇能力和涉外企业经济效益服务。

项目二　外经贸企业会计报表的编制

外经贸企业在每个会计期末除必须按照《会计法》和《企业会计准则》的要求编制资产负债表、利润表和现金流量表外，还要编制一些与其经营特点相关的专项会计报表。常见的专项报表有：出口主要商品成本及盈亏表、进口主要商品销售利润表、财务指标月报表。由于资产负债表、利润表和现金流量表的编制在相关会计课程中已经介绍，在此不再详述。本项目将重点介绍外经贸企业常用的专项报表的编制。

任务一　掌握出口主要商品成本及盈亏表的编制方法

一、出口主要商品成本及盈亏表的概念

出口主要商品成本及盈亏表（main export commodities cost and profit or loss statement）

是主要反映涉外企业年度内自营出口商品销售收入（self-employed export sales revenue）、销售成本（sales cost）、盈亏总额（total profit or loss）、出口关税（export tariffs）、消费税退税（CT refunds）和出口每美元成本（export cost of per dollar）等情况的会计报表。它反映了涉外企业自营出口商品盈亏和换汇成本的动态数据，是一张具有涉外企业行业特点的反映涉外企业经营出口商品盈亏和换汇成本的动态报表（dynamic statement）。

二、出口主要商品成本及盈亏表的作用

通过编制出口主要商品成本及盈亏表，外经贸企业可以及时分析、总结本企业经营的重点出口商品的销售价格（sale price）、成本总额（total cost）及其构成。通过将某一出口商品的出口每美元成本与人民币汇率进行比较，可以判断企业出口主要商品的盈亏情况。如果出口每美元成本高于同期人民币汇率，表明该商品的出口是亏损的；反之，则是盈利的。

三、出口主要商品成本及盈亏表的格式

出口主要商品成本及盈亏表是以单项出口商品盈亏分析为核心的多栏式报表。该表以出口主要商品（main export commodities）为基础列示，分别反映不同商品的销售收入和销售成本情况。它的核心是出口每美元成本指标，在这一指标中，为了便于比较，对出口经营成本和总成本栏分别设置“本年”（current year）和“上年同期”（same period of last year）两个栏目。出口主要商品成本及盈亏表的格式见表6-1。

表6-1　　**出口主要商品成本及盈亏表**

年　月

金额单位：人民币万元（两位小数）

编报单位：　　万美元（两位小数）

<table>
<tr><td rowspan="4">商品名称</td><td rowspan="4">计量单位</td><td rowspan="4">销售数量</td><td colspan="3">销售收入</td><td colspan="9">出口总成本</td><td rowspan="4">盈亏总额</td><td colspan="4">出口每美元成本</td></tr>
<tr><td colspan="2">折美元金额</td><td rowspan="3">人民币金额</td><td rowspan="3">总值</td><td colspan="7">出口经营成本</td><td rowspan="3">出口间接费用</td><td colspan="2">本年</td><td colspan="2">上年同期</td></tr>
<tr><td rowspan="2">单价</td><td rowspan="2">金额</td><td colspan="3">商品进价</td><td rowspan="2">出口直接费用</td><td rowspan="2">消费税退税</td><td rowspan="2">出口关税</td><td rowspan="2">合计</td><td rowspan="2">出口经营成本</td><td rowspan="2">总成本</td><td rowspan="2">出口经营成本</td><td rowspan="2">总成本</td></tr>
<tr><td>单价</td><td>金额</td><td>其中增值税未退税金额</td></tr>
<tr><td>1</td><td>2</td><td>3</td><td>4</td><td>5</td><td>6</td><td>7</td><td>8</td><td>9</td><td>10</td><td>11</td><td>12</td><td>13</td><td>14</td><td>15</td><td>16</td><td>17</td><td>18</td><td>19</td><td>20</td></tr>
<tr><td>商品1</td><td></td><td></td><td></td><td></td><td></td><td></td><td></td><td></td><td></td><td></td><td></td><td></td><td></td><td></td><td></td><td></td><td></td><td></td><td></td></tr>
<tr><td>商品2</td><td></td><td></td><td></td><td></td><td></td><td></td><td></td><td></td><td></td><td></td><td></td><td></td><td></td><td></td><td></td><td></td><td></td><td></td><td></td></tr>
</table>

财务负责人：　　复核人：　　制表人：

四、出口主要商品成本及盈亏表的编制

出口主要商品成本及盈亏表的编报期间比较灵活，可以是一年编报一次，也可以是一个季度或者一个月编报一次。外经贸企业可以根据本单位的具体情况，自行选择编报期间。

编制出口主要商品成本及盈亏表的资料主要来源于涉外企业自营出口销售收入、自营出口销售成本的明细账，以及税金及附加、出口销售费用、管理费用、财务费用等以出口商品直接认定或者分摊的税费资料。

出口主要商品成本及盈亏表各指标的编报及计算方法如下：

1.本表核算的商品大类、主要商品和计量单位须按照海关规定的商品目录填列。

2."销售数量"（sales amount）按出口商品的实际数量填列。如无法划分数量的，此栏可不填。

3."销售收入"（sales revenue）项下"人民币金额"栏按照"自营出口销售收入"账户及有关明细科目发生额分析填列。

4."销售收入"（sales revenue）项下"折美元金额"栏按照"销售收入"项下"人民币金额"栏除以期末银行美元外汇牌价的"中间价"计算填列。"折美元金额"项下"金额"（美元数）除以"销售数量"即为"折美元金额"项下"单价"金额。出口商品无销售数量的，"单价"栏可不填。

5."出口总成本"（export total cost）项由"出口经营成本"栏和"出口间接费用"栏构成。

6."出口经营成本"（export operating cost）的"合计"栏由"商品进价"（purchase price of goods）加"出口直接费用"加"出口关税"减"消费税退税"填列。其中，"商品进价"按照"自营出口销售成本"账户以商品立户的明细分类账户发生额和"应交税费"账户中"进项税额转出"金额分析填列。该明细账借方发生额一般包含三部分：①出口商品不含税进价；②出口商品含消费税进价；③增值税未退税部分。各出口企业由于出口商品的品种不同或退税率不同，"商品进价"的构成内容也有所不同。"商品进价"中的"单价"，按下列公式计算：

商品进价单价=商品进价/销售数量

7."出口直接费用"（export direct expense）由出口销售费用和出口商品应分摊的管理费用、财务费用等有关明细科目分析填列。

8."出口间接费用"（export indirect expense）由除"出口直接费用"外与出口有关的其他费用构成，须按照一定比例进行分摊。

9."盈亏总额"（total profit or loss）由"销售收入"减去"出口总成本"计算得出。如为亏损，在数字前列"−"号。

10."出口每美元经营成本"（export operating cost of per dollar）由"出口经营成本"的"合计"栏金额除以"销售收入"项下"折美元金额"得出。

11."出口每美元总成本"（total cost of per dollar）由"出口总成本"项金额除以"销售收入"项下"折美元金额"得出。

外经贸企业根据"出口每美元成本"来衡量企业出口商品的获利能力。出口每美元成本是指实现出口创汇1美元平均应负担的人民币总成本。若出口每美元成本等于或者高于美元汇率，则说明企业该商品的出口为不赚或者亏损，高得越多就亏得越多。

财务经理提示

按统计口径规定，计算"出口每美元成本"时，均换算为统一的美元指标，也就是说在计算非美元每美元出口换汇成本时，应首先将非美元的货币换算成美元，然后按照上述公式计算。此外，还可计算“出口销售盈亏率”来反映出口商品的盈利能力。

出口销售盈亏率=（出口销售收入－出口销售成本）/出口销售总成本×100%

[实例6-1] 瑞丰食品进出口公司出口板栗，其出口发票原币金额30 000美元，交单日银行美元汇率中间价为1美元=6.58元人民币，共计支付国外运费1 500美元、保险费660美元以及出口佣金900美元，其商品采购成本150 000元人民币，摊入国内费用（期间费用）1 900元人民币，出口转入成本未退增值税税额728元人民币，出口退税15 000元人民币，汇兑损失1 500元人民币。

要求：计算瑞丰食品进出口公司本批次出口板栗在出口主要商品成本及盈亏表中的出口总成本、出口销售净收入、出口盈亏额、出口盈亏率及出口每美元成本指标。

计算过程及结果如下：

（1）出口总成本＝商品采购成本＋摊入国内费用（期间费用）＋出口税金（出口关税等）＋出口转入成本未退增值税税额－出口退税额＋汇兑损失－汇兑收益

出口销售总成本=150 000+1 900+728-15 000+1 500=139 128（元）

（2）出口销售净收入（美元）=出口销售外币金额-国外外币费用（运费、保险费）-佣金-理赔

假设板栗出口理赔金额为0，佣金为暗佣，则：

出口销售净收入（美元）=30 000-1 500-660-900=26 940（美元）

出口销售净收入（人民币）=197 400-9 870-4 342.80-5 922=177 265.20（元）

（3）本批次出口盈亏额=出口销售净收入-出口总成本

本批次出口盈亏额=177 265.20-139 128 =38 137.20（元）

（4）本批次出口盈亏率=本批次出口盈亏额/出口总成本

本批次出口盈亏率=38 137.20÷139 128×100%=27.41%

（5）出口每美元成本=出口总成本/出口销售净收入（美元）

出口每美元成本=139 128÷26 940=5.1644（人民币元/美元）

财务经理提示

5.1644人民币元/美元比现行汇率6.58低人民币1.4156元，即如果按美元现行汇率6.58将此项美元卖给银行，每美元则可赚取人民币1.4156元，说明此项出口销售业务效益较好。

任务二　掌握进口主要商品销售利润表的编制方法

一、进口主要商品销售利润表的概念

进口主要商品销售利润表（main import commodities sales profit statement），也称进口主要商品成本分析表，是反映外经贸企业本年度内自营进口商品销售收入、销售成本、盈亏总额以及进口每美元盈亏额（import profit or loss of per dollar）等情况的报表。它是反映外经贸企业经营进口商品盈亏情况的动态报表。

二、进口主要商品销售利润表的作用

通过编制进口主要商品销售利润表，外经贸企业可以及时分析、总结本企业经营的重点进口商品的销售价格、成本总额及其构成。通过计算进口主要商品的每美元盈亏额，有助于分析企业盈亏结构、市场价格走势，为企业的经营决策提供依据。

三、进口主要商品销售利润表的格式

进口主要商品销售利润表是以单项进口商品盈亏分析为核心的多栏式报表。它以主要进口商品（main import commodities）为基础进行列示，分别反映不同商品的销售收入和销售成本情况。它的核心是进口每美元盈亏额指标，在这一指标中，为了便于比较，分别设置“本年”（current year）和“上年同期”（same period of last year）两个栏目。进口主要商品销售利润表的格式见表6-2。

表6-2　**进口主要商品销售利润表**

年　　月

金额单位：人民币万元（两位小数）

编报单位：　　万美元（两位小数）

商品名称	计量单位	销售数量	销售收入		销售总成本								盈亏额			
			单价	金额	总值	商品进价					进口费用	税金及附加	本年		上年同期	
						国外进价				进口关税及消费税			单位盈亏	盈亏总额	单位盈亏	盈亏总额
						合计	美元单价	美元金额	人民币金额							
1	2	3	4	5	6	7	8	9	10	11	12	13	14	15	16	17
商品1																
商品2																

财务负责人：　　复核人：　　制表人：

四、进口主要商品销售利润表的编制

进口主要商品销售利润表的编报期间比较灵活，可以是一年编报一次，也可以是一个季度或者一个月编报一次。外经贸企业可以根据本单位的具体情况，自行选择编报期间。

编制进口主要商品销售利润表的资料主要来源于涉外企业自营进口销售收入、自营进口销售成本的明细账，以及税金及附加、进口销售费用、管理费用、财务费用等以进口商品直接认定或者分摊的税费资料。

进口主要商品销售利润表各指标的编报及计算方法如下：

1.本表核算的商品大类、主要商品和计量单位须按照海关规定的商品目录填列。

2.“销售收入”（sales revenue）按照有关进口销售收入的账户及明细科目发生额分析填列。

3.“销售总成本”（total cost of sales）的“国外进价”（abroad purchase price）项下“人民币金额”栏按照有关进口销售成本的账户发生额分析填列。“国外进价”项下“美元金额”栏按照期末中国人民银行公布的美元对人民币汇价折算后列示，所折算的“美元金额”除以“销售数量”计算得出“美元单价”金额。

4.“进口费用”（import circulation expense）按照直接销售费用、管理费用、财务费用和进口商品应分摊的销售费用、管理费用、财务费用等分析填列。

5.“税金及附加”（sales taxes and surcharge）按照“税金及附加”科目有关内容分析

填列。

6.“销售总成本”（total cost of sales）项下“总值”（total value）由“商品进价”和“进口费用”以及“税金及附加”计算得出。

7.“盈亏额”（total profit or loss）由“销售收入”减去“销售总成本”计算得出。如为亏损，在数字前列“-”号。

外经贸企业通过计算“进口每美元盈亏”来衡量企业进口业务的获利能力，计算公式如下：

进口每美元盈亏=（销售收入-销售总成本）（人民币）/国外进价（美元）

进口每美元盈亏说明企业进口用汇每相当于1美元的成本支出可取得的人民币盈利额。进口每美元盈亏比率越高，说明企业进口业务的效益越好。

财务经理提示

按统计口径规定，计算“进口每美元盈亏”时，均换算为统一的美元指标，也就是说在计算非美元进口每美元盈亏时，应首先将非美元的货币换算成美元，然后按照上述公式计算。

[实例6-2] 康威进出口公司进口甲商品，其进口发票原币金额80 000美元，当期银行美元汇率中间价为1美元=6.87元人民币，共计支付国外运保费1 000美元，其进口价内税72 718.80元人民币，进口佣金4 000美元折算成31 480元人民币，国内摊入费用500元人民币，自营进口销售净收入800 000元人民币，自营进口销售总成本679 188.80元人民币。

要求：计算康威进出口公司本批进口甲商品在进口主要商品销售利润表中的进口销售总成本、进口销售净收入、进口销售盈亏额、进口销售盈亏率及进口每美元盈亏额指标。

计算过程及结果如下：

(1) 进口销售总成本 = 进口发票原币金额 ×汇率+ 国外运保费 ×汇率+ 进口价内税 − 进口佣金 + 国内摊入费用 +理赔

假设甲商品进口理赔为0，则：

自营进口销售总成本=80 000×6.87+1 000×6.87+72 718.80-31 480+500

=598 208.80（元）

(2) 进口销售净收入=向国内客户结算收取的价款-折扣

自营进口销售净收入=800 000元

(3) 进口销售盈亏额=自营进口销售净收入-自营进口销售总成本

自营进口销售盈亏额=800 000-598 208.80=201 791.20（元）

(4) 进口销售盈亏率=自营进口销售盈亏额/自营进口销售总成本×100%

自营进口销售盈亏率=201 791.20÷598 208.80×100%=33.73%

(5) 进口每美元盈亏额=自营进口销售盈亏额/自营进口国外进价（美元）

=201 791.20÷（80 000+1 000-4 000）=201 791.20÷77 000

=2.6207（人民币元/美元）

说明进口用汇相当于每1美元的成本支出可取得人民币2.6207元的盈利。

任务三　掌握财务指标月报表的编制方法

一、财务指标月报表的概念

财务指标月报表（financial monthly index statement）是反映外经贸企业进出口规模、

财务状况等主要财务指标的报表。财务指标月报表有助于政府有关部门了解外经贸企业的运行情况，从而完善有关政策措施。

二、财务指标月报表的格式

财务指标月报表的内容基本上可以划分为四个部分：第一部分（1～15行）反映企业的经营成果（operating results）及所得税（income tax）的实缴税额情况，是简化的"利润表"；第二部分（16～26行）为自营进出口业务（self-employed imports and exports）的财务指标（financial index）情况，用于考核和分析外经贸企业的财务状况和经营成果；第三部分（27～35行）为企业资产（assets）及负债（liabilities）总额情况；第四部分（36～40行）为其他项目（补充资料），反映独立核算企业有关情况。财务指标月报表纵向设"本月数""本年累计""上年同期"三个栏目，分别反映各项目的当年完成实绩和与上年同期比较情况，金额单位一般为人民币万元，自营出口额为万美元，出口每美元成本为人民币元，元以下保留两位小数。外经贸企业财务指标月报表的格式见表6-3。

表6-3　　**财务指标月报表**

年　月

编制单位：　　单位：人民币万元

项目	行次	本月数	本年累计	上年同期
主营业务收入净额	1			
其中：出口销售收入净额	2			
主营业务成本	3			
销售费用	4			
税金及附加	5			
其他业务收入	6			
管理费用	7			
财务费用	8			
汇兑差额	9			
投资收益	10			
其他收入	11			
利润总额	12			
所得税费用	13			
净利润额	14			
实际已上缴所得税	15			
自营出口额/万美元	16			
自营出口总成本	17			
出口每美元成本	18			

续表

项目	行次	本月数	本年累计	上年同期
出口收汇净额/万美元	19			
应收出口退税	20			
已收出口退税	21			
自营进口销售收入净额	22			
自营进口总成本	23			
自营进口国外进价/万美元	24			
自营进口销售盈亏	25			
进口每美元盈亏额	26			
企业资产总额	27			
其中：流动资产	28			
存货	29			
其中：库存出口商品	30			
应收账款总额	31			
其中：应收外汇账款	32			
企业负债总额	33			
其中：流动负债	34			
其中：短期借款	35			
独立核算企业户数/个	36			
其中：亏损企业户数/个	37			
亏损企业亏损额	38			
企业亏损面/%	39			
企业下岗职工人数合计/人	40			

负责人：　　　　　　　　复核人：　　　　　　　　制表人：

三、财务指标月报表的编制

我国现行制度规定，外经贸企业在每月10日前编报上月的财务指标月报表。

财务指标月报表各项指标的填列方法如下：

第一部分：经营成果（operating results）及实缴所得税（income tax）指标。

1.“主营业务收入净额”（net revenues from main operations）按照进口销售、出口销售及其他销售科目的贷方余额减去销售折扣与折让后的差额填列。

2.“出口销售收入净额”（net export sales revenue）按照各项出口销售收入的净额

填列。

3. “主营业务成本”（cost of main operations）按照商品销售收入的进价成本填列。

4. “税金及附加”（taxes and surcharge for operations）、“其他业务收入”（revenues from other operations）、“销售费用”（sales expense）、“管理费用”（management expense）、“财务费用”（financial expense）、“汇兑差额”（profit or loss on exchange）和“投资收益”（investment income）等项目的数据，根据有关损益类科目发生额填列。

5. “其他收支”按照“营业外收入”（non-operating revenue）、“营业外支出”（non-operating expenditure）、“以前年度损益调整”（adjustment to prior year's incomes and losses）等有关损益类账户发生额分析填列。如为损失，在金额前以“-”号反映。

6. “利润总额”（total profit）反映期末税前利润。如为亏损，在金额前以“-”号反映。

7. “所得税费用”（income tax）反映本期应缴纳的所得税。

8. “净利润额”（net profit）反映本期税后利润。如为亏损，在金额前以“-”号反映。

9. “实际已上缴所得税”反映企业本期累计上缴所得税额，按照“应交税费——应交所得税”账户借方累计发生额填列。

第二部分：自营进出口财务指标。

1. “自营出口额”（sale-employed export sales amount）按照自营出口销售净收入期末折成的美元数填列。

2. “自营出口总成本”（total cost of self-employed export sales）由自营出口销售的商品进价、增值税未退税部分以及认定和摊入的费用和税金相加计算得出。

3. “出口每美元成本”（export cost of per dollar）反映企业出口商品每1美元所耗费的成本。其计算公式为：

出口每美元成本=自营出口总成本+自营出口额（万美元）

4. “出口收汇净额”按照企业本期累计出口结汇扣除与出口有关用汇后的净额填列。扣除用汇主要有：出口运费、保险费、佣金；支付银行外汇手续费；出口理赔款；偿还外汇贷款本息；归还以进养出复出口用汇本金；其他出口用汇。

5. “应收出口退税”（refund of export duty receivable）反映企业本期累计出口货物向国家税务机关申报的出口退税累计数（含期初余额）。

6. “已收出口退税”（refund of export duty received）反映企业本期累计收到的出口退税款。其计算公式为：

尚未收回的出口退税款=应收出口退税累计数-已收出口退税累计数

7. “自营进口销售收入净额”（net self-employed import sales revenue）按照自营进口商品的销售收入科目贷方发生额减去给予国内用户的折让与折扣后的差额填列。

8. “自营进口总成本”（total cost of self-employed import sales）、“自营进口国外进价”、“自营进口销售盈亏”以及“自营进口每美元盈亏”的相关数据可以从“进口主要商品销售利润表”中获得。

第三部分：企业资产及负债总额指标（填累计金额）。

1. “企业资产（assets）总额”是指投资者和债权人提供的资金构成的资产总额，按照期末资产负债表的“资产总计”数填列。其中，“流动资产”（current assets）、“存货”（inventories）、“应收账款（accounts receivable）总额”可以从期末资产负债表中获得；“库存出口商品”和“应收外汇账款”可以参阅总分类账。

2.“企业负债（liabilities）总额”是指企业债权人提供的资金总量，包括流动负债和长期负债两方面，按照期末资产负债表的“负债合计”数填列。其中，“流动负债”（current liabilities）、“短期借款”（short-term loans）可以从期末资产负债表中获得。

第四部分：其他指标。

1.“独立核算企业户数”反映属于本企业汇总报表范围内的经营进出口企业户数（含本企业）。

2.“亏损企业户数（个）”反映独立核算企业户数中的经营进出口亏损企业户数。

3.“亏损企业亏损额”反映经营进出口亏损企业期末利润表上反映的亏损额。

4.“企业亏损面（%）”反映独立核算经营进出口亏损企业户数与独立核算企业户数的比率。其计算公式为：

企业亏损面=独立核算亏损企业户数/独立核算企业户数×100%

5.“企业下岗职工人数合计（人）”反映企业职工虽在编制之内但已下岗的人数。

项目三 外币财务报表折算

任务一 熟知境外经营记账本位币的选择要求

一、境外经营中心的概念

境外经营（abroad operating），一是指企业在境外的子公司、合营企业、联营企业、分支机构；二是指在境内的子公司、合营企业、联营企业或分支机构，采用不同于企业记账本位币的，也视同境外经营。子公司、合营企业、联营企业、分支机构是否属于境外经营，不是以位置是否在境外为判定标准，而是要看其选定的记账本位币是否与企业的记账本位币相同。

二、境外经营记账本位币的选择

企业选定境外经营的记账本位币，除考虑上述因素外，还应考虑下列因素：

1.境外经营对其所从事的活动是否拥有很强的自主性。如果境外经营所从事的活动视同企业经营活动的延伸，构成企业经营活动的组成部分，境外经营应当选择与企业记账本位币相同的货币作为记账本位币；如果境外经营所从事的活动拥有极大的自主性，境外经营不能选择与企业记账本位币相同的货币作为记账本位币。

2.境外经营活动中与企业的交易是否在境外经营活动中占有较大比重。如果境外经营与企业的交易在境外经营活动中所占的比例较高，境外经营应当选择与企业记账本位币相同的货币作为记账本位币；反之，应当选择其他货币。

3.境外经营活动产生的现金流量是否直接影响企业的现金流量、是否可以随时汇回。如果境外经营活动产生的现金流量直接影响企业的现金流量，并可随时汇回，境外经营应当选择与企业记账本位币相同的货币作为记账本位币；反之，应当选择其他货币。

4. 境外经营活动产生的现金流量是否足以偿还其现有债务和可预期的债务。如果境外经营活动产生的现金流量在企业不提供资金的情况下，难以偿还其现有债务和正常情况下可预期的债务，境外经营应当选择与企业记账本位币相同的货币作为记账本位币；反之，应当选择其他货币。

任务二　熟知境外经营财务报表折算的原则

如果企业境外经营的记账本位币不同于企业的记账本位币，在将企业的境外经营通过合并报表、权益法核算等纳入到企业财务报表中时，需要将企业境外经营的财务报表折算为以企业记账本位币反映的财务报表，这一过程就是外币财务报表折算（translation of foreign currency financial statements）。

在对外经贸企业境外经营财务报表进行折算前，应当调整境外经营的会计期间（accounting period）和会计政策（accounting policies），使之与企业会计期间和会计政策相一致。根据调整后的会计政策及会计期间编制相应货币（记账本位币以外的货币）的财务报表，再进行折算。在折算过程中，要遵循以下规定：

1. 资产负债表（balance sheet）中的资产（assets）及负债（liabilities）项目，采用资产负债表日（balance sheet day）的即期汇率折算；所有者权益（owner's equity）项目除“未分配利润”（undistributed profit）项目外，其他项目采用发生时的即期汇率折算。

2. 利润表（income statement）中的收入和费用（revenues and expenses）项目，采用交易发生日的即期汇率或即期汇率的近似汇率折算。

3. 产生的外币财务报表折算差额，在编制合并财务报表时，应在合并资产负债表中所有者权益项目下单独作为外币报表折算差额（difference of translation of foreign currency financial statements）项目列示。

外币报表折算差额是指以记账本位币反映的净资产（net assets）减去以记账本位币反映的实收资本（paid-in capital）、累计盈余公积（surplus reserve）及累计未分配利润（undistributed profit）后的余额。

任务三　熟知境外经营外币财务报表折算的方法

［实例6-3］大海公司为国内一家外经贸公司，记账本位币为人民币。大海公司在英国有一家子公司——乐乐公司，拥有其80%的股份，并且能够对乐乐公司的财务和经营政策实施重大影响。乐乐公司确定的记账本位币为英镑。2016年12月31日的即期汇率为1英镑=9.00元人民币，2016年的平均汇率为1英镑=9.20元人民币，实收资本为62 500英镑，发生日的即期汇率为1英镑=9.30元人民币。2015年12月31日的即期汇率为1英镑=9.25元人民币，累计盈余公积为5 500英镑，折算为人民币50 600元，累计未分配利润为10 000英镑，折算为人民币98 000元，乐乐公司在年末提取盈余公积3 000英镑。

根据上述资料，将乐乐公司以英镑为记账本位币的利润表（见表6-4）、资产负债表（见表6-5）和所有者权益变动表（见表6-6）折算为人民币报表。由于汇率变动和汇率折算等原因，外币报表折算差额扎平数的计算过程较复杂，故从略，假定乐乐公司资产负债表2015年12月31日外币报表折算差额为-6 250元，2016年12月31日外币报表折算差额为-29 850元。

表 6-4

利润表

编制单位：乐乐公司　　2016年12月　　单位：元

项目	本期金额（英镑）	汇率	折算为人民币金额
一、营业收入	52 500	9.20	483 000
减：营业成本	20 000	9.20	184 000
税金及附加	3 000	9.20	27 600
销售费用	4 000	9.20	36 800
管理费用	6 000	9.20	55 200
财务费用	5 000	9.20	46 000
资产减值损失			
加：公允价值变动损益（损失以“-”填列）			
投资收益（损失以“-”填列）			
其中：对联营企业和合营企业的投资收益			
二、营业利润（亏损以“-”填列）	14 500		133 400
加：营业外收入	2 500	9.20	23 000
减：营业外支出	2 000	9.20	18 400
其中：非流动资产处置损失			
三、利润总额（亏损以“-”填列）	15 000		138 000
减：所得税费用	5 000	9.20	46 000
四、净利润（亏损以“-”填列）	10 000	9.20	92 000
五、每股收益			

表 6-5

资产负债表

编制单位：乐乐公司　　2016年12月31日　　单位：元

资产	期末余额（英镑）	汇率	折算为人民币金额	负债和所有者权益	期末余额（英镑）	汇率	折算为人民币金额
流动资产：				流动负债：			
货币资金	10 000	9.00	90 000	短期借款	5 000	9.00	45 000
以公允价值计量且其变动计入当期损益的金融资产	5 000	9.00	45 000	以公允价值计量且其变动计入当期损益的金融负债			
应收票据	4 000	9.00	36 000	应付票据	1 000	9.00	9 000
应收账款	11 000	9.00	99 000	应付账款	7 500	9.00	67 500

续表

资产	期末余额（英镑）	汇率	折算为人民币金额	负债和所有者权益	期末余额（英镑）	汇率	折算为人民币金额
预付款项				预收款项			
应收利息				应付职工薪酬	6 000	9.00	54 000
应收股利				应交税费	1 500	9.00	13 500
其他应收款				应付利息			
存货	20 000	9.00	180 000	应付股利			
一年内到期的非流动资产				其他应付款			
其他流动资产				一年内到期的非流动负债			
流动资产合计	50 000		450 000	其他流动负债			
非流动资产：				流动负债合计	21 000		189 000
可供出售金融资产				非流动负债：			
持有至到期投资				长期借款	6 000	9.00	54 000
长期应收款				应付债券			
长期股权投资				长期应付款	10 000	9.00	90 000
投资性房地产				专项应付款			
固定资产	60 000	9.00	540 000	预计负债			
在建工程				递延所得税负债			
工程物资				递延非流动负债			
固定资产清理				非流动负债合计	16 000		144 000
生产性生物资产				负债合计	37 000		333 000
油气资产				所有者权益：			
无形资产	15 000	9.00	135 000	实收资本	62 500	9.30	581 250
开发支出				资本公积			
商誉				减：库存股			
长期待摊费用				盈余公积	8 500	9.20	78 200
递延所得税资产				未分配利润	17 000		162 400
其他非流动资产				外币报表折算差额			-29 850
非流动资产合计	75 000		675 000	所有者权益合计	88 000		792 000
资产总计	125 000		1 125 000	负债和所有者权益总计	125 000		1 125 000

表 6-6

所有者权益（股东权益）变动表

2016 年度

编制单位：乐乐公司　　　　单位：元

项目	本年金额													上年金额												
	实收资本（或股本）			资本公积			盈余公积			未分配利润			外币报表折算差额	实收资本（或股本）			资本公积			盈余公积			未分配利润			外币报表折算差额
	英镑	汇率	人民币	英镑	汇率	人民币	英镑	汇率	人民币	英镑	汇率	人民币		英镑	汇率	人民币	英镑	汇率	人民币	英镑	汇率	人民币	英镑	汇率	人民币	
一、上年年末余额	62 500	9.30	581 250				5 500	9.20	50 600	10 000	9.30	93 000		62 500	9.40	587 500				2 000	9.40	18 800	3 000	9.40	28 200	
加：会计政策变更																										
前期差错更正																										
二、本年年初余额	62 500	9.30	581 250				5 500	9.20	50 600	10 000	9.30	93 000		62 500	9.40	587 500				2 000	9.40	18 800	3 000	9.40	28 200	
三、本年增减变动金额（减少以“-”填列）																										
（一）综合收益总额										10 000	9.20	92 000											10 000	9.30	93 000	
（二）所有者投入和减少资本																										
1.所有者投入资本													-29 850													
2.股份支付计入所有者权益的金额																										
3.其他																										
（三）利润分配																										
1.提取盈余公积							3 000	9.20	27 600	-3 000	9.20	-27 600								3 000	9.30	27 900	-3 000	9.30	-27 900	
2.对所有者（或股东）的分配																										
3.其他																										
（四）所有者权益内部结转																										
1.资本公积转增资本（或股本）																										
2.盈余公积转增资本（或股本）																										
3.盈余公积补亏																										
4.其他																										
四、本年年末余额	62 500	9.30	581 250				8 500	9.20	78 200	17 000		162 400	-29 850	62 500	9.30	581 250							10 000	9.30	93 000	-6 250

[上岗试一试6]

一、职业判断测试题（单项选择，请将正确答案的序号填入括号内）

1.下列报表中，(　　）不属于进出口企业的内部报表。

A.出口主要商品成本及盈亏表　B.进口主要商品成本分析表

C.进出口企业财务指标月报表　D.利润表

2.外经贸企业的内部报表中，出口主要商品成本及盈亏表是（　　）。

A.以单项出口商品成本分析为核心的多栏式报表

B.以单项出口商品收入分析为核心的多栏式报表

C.以多项出口商品盈亏分析为核心的多栏式报表

D.以单项出口商品盈亏分析为核心的多栏式报表

3.进口主要商品成本分析表是反映（　　）。

A.外经贸企业经营进口商品成本的生产报表

B.外经贸企业经营进口商品盈亏的对外报表

C.外经贸企业经营进口商品盈亏的动态报表

D.外经贸企业经营进口商品盈亏的静态报表

4.进口每美元盈亏等于（　　）。

A.自营进口商品国内销售盈亏额×国外进价（人民币金额）

B.自营进口商品国内销售盈亏额×国外进价（美元金额）

C.自营进口商品国内销售盈亏额/国外进价（人民币金额）

D.自营进口商品国内销售盈亏额/国外进价（美元金额）

5.在外经贸企业的各种财务报表中，进口主要商品成本分析表是（　　）。

A.以单项进口商品盈亏分析为核心的多栏式报表

B.以单项进口商品成本分析为核心的多栏式报表

C.以单项进口商品收入分析为核心的多栏式报表

D.以多项进口商品盈亏分析为核心的多栏式报表

6.我国外币报表折算中产生的外币折算差额，应反映在（　　）中。

A.会计报表附注　B.现金流量表　C.利润表　D.资产负债表

7.出口主要商品成本及盈亏表中的“出口总成本”指标是指（　　）。

A.出口经营成本+出口间接费用

B.商品进价+出口直接费用+出口关税−消费税退税

C.自营出口销售成本+进项税额转出

D.商品进价

8.进口主要商品成本分析表中的“销售总成本”指标是指（　　）。

A.商品进价+直接期间费用+应分摊的期间费用

B.商品进价+进口费用

C.商品进价+进口费用+税金及附加

D.商品进价

9.外经贸企业财务指标月报表在结构设计上不包括（　　）。

A.反映外经贸企业的经营成果及所得税费用的实缴税额情况

B.反映有关进出口业绩的情况

C.反映外经贸企业资产、负债的总额情况

D.反映所有者权益的增减变动情况

E.反映独立核算企业的一些基本情况的补充资料

10.外经贸企业财务指标月报表中反映独立核算企业的一些基本情况的补充资料（其他指标）不包括（　　）。

A.独立核算企业户数　　B.应收出口退税

C.亏损企业户数　　D.企业亏损面

二、职业操作能力测试题

［实训1］某外经贸公司向美国ABC公司出口一批货物，外销价为每吨1 100美元CIF纽约，出口总数量为100吨，支付海运运费700美元、保险费500美元。该公司国内购进该批商品的进价为每吨5 200元人民币，国内直接和间接费用率为购进价的15%。该商品增值税税率17%，退税率13%，当期美元汇率为1美元=6.8256元人民币。

要求：计算该商品的出口总成本、出口销售外汇净收入、出口美元成本及出口盈亏率。

［实训2］某外经贸公司出口某商品1 000箱，对外报价为每箱20美元，FOB C3%厦门，外商要求将价格改报为每箱CIF C5%汉堡。已知海外运费为每箱1美元，保险费为FOB价的0.8%。

要求：（1）要维持出口销售外汇净收入不变，CIF C5%应该报价为多少？

（2）已知进货成本为每箱120元人民币，每箱的直接和间接费用为进货成本的3%，出口退税率为17%，当期美元汇率为1美元=6.8228元人民币，该商品的出口销售盈亏率及每美元成本各是多少？

［实训3］某商品的国内进价为18 200元人民币，加工整理费支出为1 450元人民币，该出口商品的退税率为13%，该商品流通费支出为1 200元人民币。该商品的出口CIF销售价为3 500美元，其中运费为100美元、保险费为30美元。当期美元汇率为1美元=6.3500元人民币。

要求：根据该商品的出口换汇成本分析交易的可能性。

主要参考文献

[1] 瞿志明. 外贸会计实务教程 [M]. 北京：科学技术文献出版社，2011.

[2] 朱丽娟. 外贸会计教程 [M]. 北京：科学出版社，2004.

[3] 焦建平，徐静. 外贸企业会计实务 [M]. 北京：中国市场出版社，2009.

[4] 纪洪天，陈婉芳. 新编外贸会计——外贸会计及国际结算 [M]. 5版.上海：立信会计出版社，2011.

[5] 疏影. 外贸会计实务精要 [M]. 北京：中国海关出版社，2009.

[6] 徐盛华，郑明贵. 进出口贸易实务操作指南 [M]. 北京：清华大学出版社，2007.

[7] 翁佩君. 出口退税技巧 [M]. 北京：中国海关出版社，2008.